W0207352

RUTH KNAUP

Single – NA UND?

LEICHTER LEBEN

RUTH KNAUP

Single – NA UND?

Sich wohlfühlen und mehr vom Leben haben

SCORPIO

INHALT

WILLKOMMEN IM SINGLE-LEBEN!

Die schräge Berliner Girlband »Lassie-Singers« schmetterte 1991 wohlgelaunt:

»Mein Freund hat mit mir Schluss gemacht – ich kann ihn nicht mehr leiden! Endlich, endlich wieder frei! Bin ich nicht zu beneiden?!«

Willkommen im Single-Dasein. Tatsächlich erleben ja die wenigsten Frauen und Männer den Eintritt ins Single-Leben derart euphorisch als Akt der Befreiung. Vielmehr fühlen sich die meisten von uns zunächst eher, als seien sie auf dem Weg in die Karibik gewesen und nun stattdessen mutterseelenalleine am winterlichen Bahnhof von Delmenhorst gestrandet. *Da wollte ich doch nie hin!* Wie soll man von dort jemals wieder wegkommen?
Fast alle betreten wir das Reich der Singles durch ein Tor des Schmerzes. Wir mussten uns trennen und Abschied nehmen. Jetzt fühlen wir uns ein wenig als »gescheiterte Existenzen«.
Aber stopp – sind wir das wirklich?

ALLEINSEIN ALS CHANCE

Das Alleinesein als Chance zu sehen fällt vielen Getrennten zunächst schwer. Vielleicht empfindest auch du es häufig eher als Fluch, als Bürde, als Gemeinheit des Schicksals, um die du niemals gebeten hast. Und dennoch. Jetzt bist du hier.
Nun kannst du wie gelähmt vor Wut am Bahnhof sitzen bleiben und frierend fluchen, wann endlich der nächste Zug (Partner / in) kommt, der dich da wegholt. Je länger es dauert, umso griesgrämiger wirst du.
Oder du stehst auf. Und siehst dich mal um. Hey, da sind ja noch andere mit dir zusammen »Gestrandete«! Was machen die jetzt? Sind die vielleicht nett und lustig? Wohin waren sie auf dem Weg? Und woher haben sie diese leckeren Schokoriegel? Ich habe genau diese Situation wirklich einmal erlebt. An einem Sonntagnachmittag mitten im Winter landete ich statt in Hamburg mit etwa 300 anderen Zugfahrgästen in Delmenhorst. Ab dort ging wegen eines »Personenschadens im vor uns liegenden Streckenabschnitt« gar nichts mehr. Auf unabsehbare Zeit.

Nach der bockigen Wut-Phase fing ich an, mit anderen zu sprechen. Ich lernte so eine polnische Literaturwissenschaftlerin kennen, zwei kesse Berliner Sportstudenten und ein lustiges älteres Ehepaar, das zur Hochzeit seiner Nichte nach London unterwegs war und deshalb zum Flughafen nach Hannover musste – schnell! Mit vereinten Kräften gelang es uns, ein Großraumtaxi bis Bremen zu organisieren, von wo aus wir uns wieder in alle Winde verstreuten – nach einem richtig herzlichen Abschied.
Wo oder wann immer du in deinem Leben strandest: Wenn du dich umsiehst, wirst du merken: Du bist nicht allein.

Mach was draus!

Ein Abenteuer kann von überall aus beginnen. Sogar von Delmenhorst.
Wer weiß, wohin der gewählte Zug dich gebracht hätte und ob du dort wirklich hättest glücklich werden können. Jetzt bist du hier. In deinem Single-Leben. Vielleicht bleibt es ein kurzer Abschnitt. Vielleicht auch nicht. In jedem Falle tust du gut daran, den Bahnhof über kurz oder lang zu verlassen und dich an einen besseren Ort zu begeben – sei es auch nur übergangsweise. Zum Beispiel Bremen.

Apropos Bremen: Die »Bremer Stadtmusikanten« haben es märchenhaft vorgemacht: »Etwas Besseres als den Tod findest du überall!« Esel, Hund, Katze und Hahn: Die mutige Zufallstruppe findet miteinander kreativ und mutig ein neues Zuhause – und zwar ein besseres, als sie jemals hatten. Sind sie vielleicht *doch* zu beneiden?!

Dieses Buch ist gedacht als Unterstützung für alle Frauen und Männer, die ihr Leben derzeit ohne feste Partnerschaft gestalten: ob freiwillig oder unfreiwillig alleine, ob Langzeit-Erprobt oder Neu-Single, frauen- oder männerliebend (oder beides!), mit oder ohne Kind.
Es hat drei Teile: Im ersten findest du Anregungen, wie du es dir mit dir selbst schön machen kannst.
Im zweiten Teil geht es um dein soziales Umfeld und wie du es stärken kannst.
Und im dritten Teil beschäftigen wir uns dann ausführlich mit dem Liebesleben der Singles.

Viel Spaß beim Lesen!

PS: Danke, dass ich dich duzen darf!

Erstes Kapitel

Ich hab es gut mit mir! Wie du es dir schön machen kannst

In diesem Kapitel erfährst du:

Warum Alleinsein dir helfen kann, dich genau in die Richtung zu entwickeln, die dir entspricht

Wie du auch ohne feste Partnerschaft genug körperliche Nähe bekommst

Wie du dir dein Wohnumfeld so gestaltest, dass es dir richtig guttut

Was hilft, wenn der Single-Blues zuschlägt

WOFÜR GIBT ES DICH?

In dem ebenso klugen wie lustigen Film »Und täglich grüßt das Murmeltier« gerät der chronisch missgelaunte Meteorologe Phil plötzlich in eine Zeitschleife: Der Single muss den 2. Februar immer und immer wieder erleben – und kein anderer Mensch um ihn herum merkt das. Vom immer gleichen Musikstück im Radio an, das ihn morgens um sechs Uhr weckt, bis zu den Sätzen, mit denen ihn seine Kollegen begrüßen, alles bleibt gleich. Ob der hektische Versuch, schnellstens seine neue Kollegin noch an diesem Tag ins Bett zu kriegen, bis hin zu einer Reihe absurder Selbstmorde: Der verzweifelte Phil versucht alles, um der Zeitschleife zu entrinnen. Und nichts klappt. Bis er nach und nach beginnt, seine wirkliche Chance zu begreifen. Nun fängt er jeden Mittag das spielende Kind auf, das immer zur selben Zeit aus dem Fenster auf die Straße fällt. Er geht jeden Tag nach Dienstschluss für eine Stunde zum Klavierunterricht und übt sich unermüdlich im Schnitzen wunderbarer Eisskulpturen. Phil wird er selbst. Und zwar erst, nachdem er den verzweifelten Kampf gegen die immer gleichbleibenden Außenbedingungen aufgegeben hat. Dieser »neue« Phil ist so attraktiv für seine Kollegin, dass sie sich schließlich sogar um ihn bemüht – ohne dass er etwas dafür tun braucht. Da endet auch die Zeitschleife.

WIE WILLST DU DEINE TAGE VERBRINGEN?

Vieles aus dieser filmischen Parabel lässt sich wunderbar auf das Leben als Single generell übertragen. Immer wieder bist du damit konfrontiert, dass sich scheinbar nichts ändert. Je verzweifelter du deine Anstrengungen nun darauf richtest, dich aus dem blöden Alleinesein herauszustrampeln, umso mehr ermüdest du dich – und das immer gleiche, einsame Leben scheint dich zu strafen. Je mehr du einer ersehnten Partnerschaft als »Erlösung« hinterherläufst, desto mehr scheint sie vor dir davonzulaufen.
Offenbar führt der glückbringendere Weg in eine andere Richtung.
Der Theologe Eugen Drewermann sagt: »Die einzige Angst, die du wirklich haben

könntest, ist die, dass du am Ende selber nicht mehr weißt, wofür es dich eigentlich gegeben hat. Darin liegt eine wirkliche Gefahr.«

Wofür gibt es dich?

Das ist die entscheidende Frage. Nicht, ob du lebst wie alle anderen bzw. ob du in deren Augen erfolgreich bist. Wofür gibt es *dich?*
Um das herauszufinden, brauchst du keine Partnerschaft. Sondern du brauchst ein waches Herz und offene Augen und Ohren. Auch wenn du an keinen Gott glaubst, der dir eine Bestimmung hier auf Erden mitgegeben hat, kannst du das Beste daraus machen, dass du nun mal hier bist. Du kannst jeden Tag ein Stückchen mehr dafür sorgen, dass du ein Leben lebst, das dich (und andere) glücklich macht.
Meteorologe Phil aus dem Film fängt an, seinen KollegInnen morgens Kaffee und Kuchen mitzubringen. Was für ein anderer Start in den Tag! Er umarmt den nervigen alten Bekannten, der ihn auf der Straße anspricht, statt ihn brüsk abzuweisen. Und er wird ein passabler Pianist, statt zu versuchen, schnell beliebige Frauen zu erobern.

GEH DEINEN EIGENEN WEG

Was Phil vorlebt, ist der Weg zu einem »nachhaltigen« Leben – und das, obwohl er über Monate (oder Jahre?) immer nur denselben 2. Februar zur Verfügung hat! Er hörte auf, seine Umwelt beeindrucken zu wollen oder sich mit kurzfristiger Bedürfnisbefriedigung zu betäuben. Er geht geduldig, freundlich und beharrlich seinen Weg durch den Tag. So lange, bis der Tag sich wieder ändert – und zwar von selbst. Genau das kannst du auch! Du kannst *deinen* Weg gehen, indem du deine vielen großen und kleinen Talente und Vorlieben nutzt und weiterentwickelst.

Du kannst die Chance nutzen, die im Alleinsein liegt: nämlich dass du dich niemandem anpassen musst. Jetzt kannst du die Ohren spitzen für das, was sich in dir regt. Du kannst alle Zeit nutzen, um dich beruflich, künstlerisch und menschlich in die Richtung zu entwickeln, in die du gehen möchtest.

ALLEINSEIN STÄRKT DEIN SELBSTVERTRAUEN

Was fast alle Singles gemeinsam haben, ist, dass man ihre Lebensform gerne als eine Art »Durchgangssyndrom« stigmatisiert, nach dem Motto: »Mach dir keine Sorgen, das ist bestimmt nur eine Phase!« Und nach der »schwierigen Phase« habe ich dann bitteschön dort anzukommen, wo alle »normalen Menschen« anzukommen haben: in der Zweierbeziehung.
Dort noch nicht angekommen zu sein ist Anlass zu vielfältigen Beileidsbekundungen durch Paare, aber auch zu Mutmaßungen über die eventuellen »Hinderungsgründe« in der Psyche der alleinlebenden Person. Ist sie vielleicht doch noch nicht *reif* für eine *wirkliche* Beziehung?
Wenn ich mir so einige langjährige Paarbeziehungen anschaue, scheinen die Beteiligten dort lediglich *reif für die Klapsmühle* geworden zu sein. Insofern möchte ich stark infrage stellen, ob der unbedingte Wille, in irgendeiner Beziehung auszuharren, schon als Zeichen einer gereiften Persönlichkeit gelten kann.

Also Vorsicht, wenn Singles mangelnde Bindungsfähigkeit unterstellt wird. Wie wäre es, wenn wir bei vielen Alleinlebenden zunächst einmal feststellen, dass sie ein gesundes Autonomiestreben haben, Mut, sich weiterzuentwickeln und Selbstvertrauen, Dinge alleine zu schaffen?

DIE SCHULE DER SINGLES

So kannst du beobachten, dass Menschen, die längere Zeit ohne Partner / in waren, oft erstaunliche neue Kompetenzen entwickelt haben – denn da war kein Mann zur Hand, der die Dübel in die Wand bohrte, bzw. keine Frau, die den gerissenen Ärmelsaum nähte. Die Betroffenen lernten, wie man es selbst macht. Sich auf »klassisch männliche« oder »klassisch weibliche« Aufgabenbereiche zu beschränken, war hier einfach nicht ausreichend. Und nicht wenige haben aus diesem Anlass nicht nur ihr Repertoire an Alltagsfertigkeiten erweitert, sondern ihr Selbstverständnis und Selbstbewusstsein:

Larissa, 33, Psychologin, erzählt: »Als ich vor der Aufgabe stand, jetzt die neue Wohnung selbst zu renovieren, war ich

zuerst total geschockt! Fensterrahmen abschleifen und neu lackieren?! Ich hatte doch keine Ahnung, wie sowas geht! Also ließ ich mir von einem Bekannten erst mal alles in Ruhe erklären und lieh mir sein Werkzeug aus. Und mit jedem der vielen kleinen Fenster, die ich bearbeitete, verstand ich besser, worauf es ankommt. Es war irre viel Arbeit, ich war nach den zwei Wochen körperlich völlig erschöpft. Aber ich war auch unglaublich stolz, glücklich und zufrieden mit mir! Nichts war perfekt, aber alles war meines! *Noch nie bin ich in einer neuen Wohnung so gut angekommen. Seitdem habe ich ein ganz anderes Selbstbewusstsein in der ›Welt der Dinge‹. Wenn etwas kaputt geht, frage ich nicht gleich: ›Wer muss das reparieren und wie teuer wird das?‹, sondern ich überlege zunächst, wer mir erklären kann, wie ich es selbst machen und was ich dabei Neues lernen kann. Ich habe gemerkt, dass mir handwerkliche Dinge eigentlich total Spaß machen – auch wenn ich gar nicht perfekt darin bin!«*

Larissa hat ein Stück Neuland für sich erobert: die »Welt der Dinge«, wie sie es nennt. Statt wie ein hilfloses Kind darauf angewiesen zu sein, dass jemand anders solche Probleme für sie löst, geht sie sie jetzt mit einem neuen Selbstvertrauen an. Umgekehrt berichten zum Beispiel viele Männer, dass sie erst nach der räumlichen Trennung von der Kindsmutter wirkliches Selbstvertrauen in ihrer Rolle als Vater entwickelt haben. Jetzt, wo sie ganze Tage, Wochenenden und Ferienwochen am Stück der alleinige und voll verantwortliche Ansprechpartner für die großen und kleinen Sorgen ihrer Kinder sind, erleben sie:

Ich kann das ja!

Ich kann mein Kind trösten und verarzten, bekochen und gesundpflegen. Ich bin ein kompetenter Vater.

Frank, 37, Bankkaufmann, berichtet: »Als wir noch als Familie lebten, sah ich mich in Bezug auf das Kind immer irgendwie in der zweiten Reihe. Wenn Lina hinfiel, war meine Frau als Erste da, um sie zu trösten. Es war klar, sie ist der Ansprechpartner Nummer eins und ich nur der ›Ersatzbabysitter‹. Dementsprechend hatte ich auch immer Angst, etwas falsch zu machen mit unserer Tochter, irgendwie nicht gut genug zu sein. Manchmal, wenn meine Frau nach Hause kam und das Haus (in ihren Augen) nicht ordentlich genug vorfand, schimpfte sie mit uns beiden, als sei ich das zweite Kind. Und so fühlte ich mich dann auch! Erstaunlich, wie sich das nach der Trennung geändert hat. Ich lebe so mit Lina, wie ich es richtig finde, wenn sie hier ist. Ich entscheide, was und wann wir essen, wie wir unsere Zeit verbringen und so weiter. Das ist so entspannt! Noch nie war das Verhältnis zu meiner Tochter so innig.«

Erst durch die Trennung hat Frank aus seiner »Sohn-Rolle« richtig herausgefunden und ist zum erwachsenen Mann – und Vater – geworden.

ICH SORGE FÜR MICH SELBST

Gerade für Menschen, deren Autonomiestreben als Kind nicht gut gefördert wurde, kann es eine große Versuchung sein, auch als Erwachsene immer in symbiotischen Beziehungen zu kleben. Sie haben das innere Bild: »Ich brauche immer jemanden, der für mich sorgt« und setzen somit das fort, was sie aus der Kindheit kennen. Um sich nicht ihren tiefsitzenden Ängsten und Selbstzweifeln auszusetzen, nehmen sie lieber in Kauf, in wichtigen Bereichen des Lebens unselbstständig und abhängig zu bleiben. In der (westdeutschen) Generation 75 plus gibt es etliche Ehepaare, bei denen sich der Mann noch nie im Leben eine Mahlzeit selbst zubereitet hat und die Frau nie einen Pfennig Geld verdient. Sie sind

Wer neue Fähigkeiten erwirbt, überwindet Ängste

Viele Singles berichten, dass sie sich jetzt Sachen trauen, die sie sich vorher nie getraut haben. Das können ganz banale kleine Dinge sein, wie ohne Begleitung ins Kino oder Theater gehen, wenn sie Lust dazu haben. Oder aber sie reisen alleine in ferne Länder, besuchen exotische Tanzveranstaltungen, verkaufen ihr Auto und laden endlich mal ihre Nachbarn zum Essen ein. Das Leben als Single kann ein wahrer »Katalysator« für die Persönlichkeitsentwicklung sein. Du eroberst dir Neuland, in das du dich vorher nicht gewagt hast. Dabei machst du neue Erfahrungen, begegnest inspirierenden Menschen und erlebst dich selbst auf andere Weise.

Was für eine wunderbare Art, erwachsen zu werden!

lebenslang vollständig abhängig voneinander. Ist das wirklich sinnvoll? Gehört es zu einem erwachsenen Leben nicht dazu, dass man sein Brot sowohl selbst verdienen als auch schmieren kann? Was macht es mit einem Menschen, wenn er niemals die Erfahrung gemacht hat, auch alleine lebensfähig zu sein?

Heutzutage wollen immer weniger Leute einen auf diese Weise abhängigen Partner haben. Die Ansprüche haben sich verändert. Männer wollen nicht mehr der alleinige »Versorger« sein, der vor lauter Arbeit versäumt, seine Kinder aufwachsen zu sehen, sondern wünschen sich eine Partnerin, die ihren Teil zum Familieneinkommen beiträgt.

Und Frauen wollen nicht am heimischen Herd eingesperrt werden, sondern sich die Verantwortung für die Dinge des täglichen Lebens mit dem Partner teilen, um in der verbleibenden Zeit zum Beispiel den Weltraum zu erforschen, Herztransplantationen durchzuführen oder als Bundeskanzlerin das Land zu regieren. Um das Leben ausgewogen und abwechslungsreich zu gestalten, ist ein Zuwachs an Kompetenzen notwendig. Bei vielen Männern und Frauen geschieht genau dieser Kompetenzzuwachs erst, wenn sie erstmalig ohne Beziehung leben, also durch die »Schule der Singles« gehen.

DAS KANN ICH!

Welche bereichernden Dinge oder Fertigkeiten hast du erst gelernt, nachdem du getrennt warst?

Welche Ängste hast du dabei überwunden?

Was traust du dich noch nicht, würdest es aber gerne einmal ausprobieren?

BIN ICH SCHÖN?

Viele Singles leiden darunter, dass sie zu wenig dem Idealbild entsprechen, das das andere Geschlecht zu suchen scheint. Sie stürzen sich in qualvolle Diäten und fühlen sich doch unzulänglich, zwingen sich ins Fitnessstudio und haben gar keine Freude an dem, was sie dort tun. Das passiert, wenn man glaubt, man müsse sich zu dem entwickeln, was *andere* wollen und brauchen. Aber das musst du gar nicht! Und es lohnt sich auch gar nicht! Die mollige Kassiererin bei Aldi hat einen Freund, die superdünne Zahnärztin nicht. Statistisch gesehen gibt es keinerlei Zusammenhang zwischen der Attraktivität einer Person und ihrem Beziehungsstand! Im Gegenteil: Neuere Studien behaupten in Bezug auf Frauen sogar eine Negativ-Korrelation: Je schöner, klüger und erfolgreicher eine Single-Frau ist, desto schlechter stünden ihre Chancen, einen Partner zu finden – da Männer angeblich keine Frau wollen, der sie sich unterlegen fühlen müssten. Ehrlich gesagt, ich bezweifle auch diese Hypothese.

In Wahrheit ist es schlicht und einfach so, dass die Tatsache, ob du groß oder klein, jung oder alt, reich oder arm bist, schlicht und ergreifend überhaupt keine Rolle spielt. Und deshalb ist die Frage, *warum* denn die eine gerade solo ist und die andere nicht, ungefähr so sinnvoll wie die Frage, *warum* meiner Nachbarin heute Morgen ein Riesenklumpen Schneematsch vom Dach auf den Kopf geklatscht ist – mir aber nicht. Wir wissen nicht, *warum*!

»IS HALT SO!«

Der dänische Gestalttherapeut Bent Falk meint, »Warum?« fragten wir immer dann, wenn wir eine schlichte Tatsache einfach nicht wahrhaben wollen. Jugendliche beantworten nervige »Warum?«-Fragen von Erwachsenen deshalb gerne mit einem lakonischen: *»Ja, is halt so!«*

Fassen wir zusammen: Dass du Single bist, liegt *nicht* daran, dass du hässlicher, dümmer, langweiliger, älter, ärmer, kleiner, unmusikalischer, schwächer, neurotischer oder dicker wärst als irgendjemand, der in Beziehung lebt. Auch nicht daran, dass du dich sonst irgendwie optimieren müsstest, um »besser anzukommen«.

Vergiss Selbstoptimierung zwecks besserer Außenwirkung!

Sei genau der Mensch, den du selbst gut leiden magst. Nicht mehr, und nicht weniger.

Und hier kommen wir zum wirklich spannenden Punkt: Bist du ein Mensch, den du gut leiden magst?

MAGST DU DICH SELBST?

Über diese Frage lohnt es sich, ein wenig nachzudenken. Statt anderen hinterherzulaufen in der Hoffnung, von ihnen Bestätigung zu bekommen, können wir uns nämlich ernsthaft fragen, ob WIR uns diese Bestätigung eigentlich selbst aus vollem Herzen geben können.
Dabei kann Erstaunliches herauskommen! Am Donnerstagmorgen werfe einen Blick in den Spiegel und denke abfällig, meine Güte, bin ich alt geworden. Später gehe ich zum Tanztraining. Wohlig erschöpft und ausgetobt gucke ich abends in den Spiegel und denke, ach, was für eine sportliche und attraktive Frau!

Huch!? Bin ich denn im Laufe von wenigen Stunden eine andere geworden? Ja und nein. Mein Körper hat sich nicht verändert – aber meine Wahrnehmung dieses Körpers. Wer sich wohl fühlt in seiner Haut, sieht sich buchstäblich mit anderen Augen. Das zieht Kreise: Wer sich selbst mit Wohlwollen betrachtet, der betrachtet auch andere so. Und diese anderen spüren das Wohlwollen und spiegeln es zurück.

Alles, was du tun kannst, um dich wohl mit dir zu fühlen, das könnte der richtige Weg sein.

Dazu gehört ganz wesentlich, Güte mit den eigenen Fehlern und Begrenztheiten zu praktizieren. Dein Schlafzimmer sieht aus, als sei der Kleiderschrank explodiert, du hast das Steuerformular 753 Anlage K immer noch nicht kapiert und Onkel Erichs Geburtstag vergessen? Naja! Du arbeitest dran!
Deine Haare müssten mal geschnitten werden, der Lieblingspulli hat am Ellenbogen ein Loch, der Lippenstift ist alle? Wird schon!
Mit ein wenig mehr Gelassenheit und Selbstliebe wird nämlich auch das Single-Sein leichter. Und wenn dich das nächste Mal jemand fragt, WARUM du bloß Single bist, sagst du locker: *»Ja, is halt so!«*

Was VOR UNS liegt
und was hinter uns liegt
ist unbedeutend,
verglichen mit dem,
WAS IN UNS STECKT.

Ralph Waldo Emerson

VON PRUNKSCHLÖSSERN UND WGs

Der Preußenkönig Friedrich der Große war ja überzeugter Alleinewohnender – und ließ sich diese Lebensform auch nicht durch die politisch notwendige Heirat nehmen. Seine Ehefrau Elisabeth Christine wurde ins Berliner Schloss einquartiert, während Friedrich mit seinen Hunden im Potsdamer Schloss Sanssouci residierte und die Abende philosophierend und musizierend mit seinen Kumpels verbrachte. Man kann also nicht behaupten, das Single-Wohnen sei eine reine Erscheinung der Postmoderne.

ERLAUBT IST, WAS GEFÄLLT

Neu ist nur die Tatsache, dass inzwischen fast die Hälfte aller Haushalte von Alleinewohnenden bestritten wird – teilweise mit, teilweise ohne Kinder.
Ich selbst habe zwar noch kein Königsschloss bewohnt, aber im Laufe meines Lebens viele Wohnformen ausprobieren können: alleine, in einer WG, in einer Hausgemeinschaft, als Pärchen, als Familie, als Single-Mama mit Kind.
In jeder dieser Wohnformen habe ich mich wohl gefühlt. Ich war überwiegend glücklich und manchmal unglücklich. Es gab wunderbare und schwierige Zeiten. Jede Wohnform hat einzigartige Vor- und Nachteile, und nicht jede ist in jeder Lebensphase gleich angenehm oder passend.
Letztlich ist es auch immer eine Frage der Persönlichkeit, wie viel Kontakt und wie viel Rückzug speziell dir guttut.

Clarissa (37) berichtet: »Ich bin ein hochsensibler und dadurch sehr lärmempfindlicher Mensch. Wenn ich tagsüber viel Zeit unter Menschen verbracht habe, ist eine stille Wohnung danach für mich der Himmel auf Erden. Da ich ›Hintergrundlärm‹ schlechter ausblenden kann als andere Menschen, brauche ich Phasen von Stille so notwendig wie die Luft zum Atmen. Permanentes Zusammensein mit vielen anderen Leuten im gleichen Raum macht mich irgendwann so reizüberflutet, dass ich bleiern müde werde. Insofern ist das Alleinewohnen für mich meistens eine Wohltat – und nur selten zu langweilig!«

Home, sweet Home

Meine Kollegin Meike (49) hingegen ist sehr gesellig und hat gerne immer Menschen um sich. Sie hat als Studentin in einer trubeligen Fünfer-WG gewohnt und lebt jetzt mit ihrer sechsköpfigen Patchwork-Familie. Alleinewohnen wäre ein Alptraum für sie: Sie weiß genau, dass sie, falls sie irgendwann alleinstehend sein sollte, wieder in eine Wohn- bzw. Lebensgemeinschaft ziehen wird.
Heutzutage lebt eine wachsende Anzahl von Frauen und Männern jenseits der 60 in Wohngemeinschaften. Die Senioren-WGs boomen, weil viele Menschen keine Lust haben, ihren Lebensabend alleine wohnend zu verbringen, nur weil sie geschieden sind oder der Partner / die Partnerin verstorben ist. Noch vor einer Generation wäre die Wohngemeinschaft im Alter undenkbar erschienen, der »Kommune« haftete ein unsolider Ruf an, so etwas war allerhöchstens etwas für »Aussteiger« und Spinner. Heutzutage hingegen kaufen »Alten-WGs« große Berliner Lofts und bauen sie zu geschmackvollen, gemeinschaftlich nutzbaren Riesenwohnungen um. Die gestiegene gesellschaftliche Akzeptanz der Lebensgemeinschaft mit anderen Alleinlebenden hat sicher auch damit zu tun, dass die Senioren von heute oft als junge Leute schon mehrere Jahre in WGs gelebt und gute Erfahrungen damit gemacht haben.

Fest steht: Du kannst auch in einer Lebensphase ohne Partnerschaft eine Wohnform finden, in der du dich wohl fühlst und die zu dir passt.

Als Studentin lebte ich für zwei Jahre Tür an Tür mit meiner liebsten Studienfreundin Klara. Wir hatten getrennte Wohnungen, in die wir uns zurückziehen konnten, verbrachten aber auch viel Zeit gemeinsam, kochten und aßen, lernten für die Uni oder gammelten auf Klaras Sofa herum und tranken zu viel Rotwein.
Diese Kombination aus Alleine- und Gemeinschaftswohnen praktizieren auch etliche genossenschaftliche Wohnprojekte, von deren Bewohnern sowohl eigene Wohneinheiten als auch Gemeinschaftsräume genutzt werden.

DURCHGANGSBAHNHOF ODER WIRKLICHES ZUHAUSE?

Wenn ich eine Single-Wohnung betrete, spüre ich sofort, ob der Mensch, der hier lebt, seine Wohnung liebt, oder ob diese Unterkunft als Übergangslösung gedacht ist, bis man endlich (wieder) heiratet. Letztere Behausungen strahlen die Behaglichkeit eines Umsteigebahnhofes aus. Man kann sich hier zwar aufhalten – aber ungern länger als irgend nötig!
Gerade alleinstehende Männer sind oft erstaunlich lieblos eingerichtet. Es wirkt, als sei das Alleinewohnen eine Strafe für sie – dabei bestrafen sie sich im Grunde selbst, indem sie so wenig dafür sorgen, dass es ihnen in ihrem Zuhause gut geht und sie sich dort wirklich wohl fühlen können. Als ich einmal die (extrem kahle) Wohnung eines frisch getrennten Single-Vaters betrat und erstaunt fragte, wo denn seine beiden Kinder schliefen, wenn sie hier seien, verwies er auf sein (großes) Bett und erklärte, er selbst schliefe dann auf dem (kleinen) Sofa. Das fand ich sehr traurig. Wie sollten er selbst und die Kinder dieses Provisorium als *Zuhause* empfinden?
Das muss nicht so sein! Ein Zuhause kann auch mit kleinsten finanziellen Mitteln geschaffen werden – es ist eine Frage der inneren Haltung.

In einem Zuhause drückt sich Liebe aus, Liebe zu sich selbst und zu allen, die dort (zeitweise) leben.

PASST DIE WOHNUNG ZU IHREM BEWOHNER?

Kristian, 29, ein noch studierender Teilzeit-Vater, hat nur ein WG-Zimmer zur Verfügung. Dort liegt eine riesige Matratze am Boden und viele, viele kunterbunte Decken und Kissen. Neben dem Bett liegen stapelweise Kinderbücher, an den Wänden hängen seine Gitarren und sein Bass. Wenn Kristians kleiner Sohn bei ihm ist, »residieren« die beiden im Bett, kuscheln und lesen vor und fühlen sich wohl. Wenn Kristian alleine ist, musiziert er oder arbeitet am Schreibtisch. Seine Umgebung passt zu seinen Bedürfnissen.

Die traurigsten Single-Wohnungen, in denen ich je war, waren Museen.
In der Küche einer Bekannten hing ein acht Jahre alter Kalender. Es war das Jahr gewesen, in dem sie ihren Ex-Partner kennengelernt hatte. Fotos von gemeinsamen Urlaubsreisen mit ihm zierten die Wände im Wohnzimmer. Im Schlafzimmer getrocknete Geburtstagsrosen – von ihm. Alles war, als sei er noch da: Eine halb verwaiste Pärchenwohnung.
Für verwitwete Menschen ist die Gefahr, in einem solchen Museum des Andenkens zu leben, am größten.

Britt, 54, berichtet: »Einst verliebte ich mich in einen sehr jung verwitweten Mann. Als ich das dritte Mal bei ihm übernachtete, fiel mein Blick auf das Foto seiner verunglückten Exfrau neben dem Bett. Ich fasste mir ein Herz und fragte ihn, ob er wohl eines Tages eines von mir dazu stellen würde? Er hat mir das überhaupt nicht übel genommen. Das Schlafzimmer blieb einige Monate fotofrei. Und eines Tages stand dann ein Bild von mir dort.«

Das Leben geht weiter – lass es zu. Das tut dir gut und schadet dem Andenken an geliebte Menschen, die du verloren hast, überhaupt nicht. Gib ihnen Raum – aber nicht allen Raum, den du hast.

Am einladendsten und gemütlichsten ist eine Wohnung, in der sich Wertschätzung ausdrückt. Wertschätzung für die besonderen Talente, Eigenheiten, Vorlieben und Bedürfnisse ihres Bewohners bzw. ihrer Bewohnerin.
Laura, 27, Pädagogik-Studentin, ist eine leidenschaftliche »Basteltante«. Sie kann filzen, nähen, Papier selbst schöpfen, stricken, häkeln und vielerlei Dinge mehr. Sie liebt leuchtend bunte Farben und ihre ganze winzige Wohnung ist ein wahres Feuerwerk aus Kreativität. Überall stehen, hängen und liegen fröhliche kleine Kunstwerke herum, die man in die Hand nehmen, ansehen und befühlen kann.
Karsten, 44, Lehrer, ist großer Japan-Fan – und Buddhist. Seine Wohnung ist absolut schlicht und klar gehalten, es gibt keinerlei Nippes, auch keine Vorhänge. Statt auf Sesseln sitzt man auf Meditationskissen an einem niedrigen Tischchen.
In diesen Wohnungen, so verschieden sie seien, spürt man:

Hier lebt jemand, der gut zu sich ist.

Und du?
Wie gestaltest du deine vier Wände?

WAS EINE SINGLE-WOHNUNG BRAUCHT

Praxistipps

Zuerst nimmst du Einfluss auf die Gestaltung deiner Wohnung, und dann nimmt die Gestaltung deiner Wohnung Einfluss auf dich – die ganze Zeit, ob du es nun bewusst wahrnimmst, oder nicht. Ein indianisches Sprichwort sagt: »Du wirst zu dem, was du jeden Tag anschaust.« Womit umgibst du dich? Drückt es dich und deine Bedürfnisse aus? Ergibt es ein Umfeld, in dem du auftanken kannst? Eine Single-Wohnung (mit oder ohne Kind) bietet jede Menge Gestaltungsspielraum.

»My home is my castle«

Dein Bett

Schläfst du in einem halben Ehebett, dessen andere Seite verwaist ist und dich jede Nacht an deine Einsamkeit erinnert? Oder auf einer schmalen Klosterpritsche, in die du beim besten Willen niemals jemanden einladen könntest, selbst wenn du es willst? Beides tut nicht gut. Schaff dir ein Bett (oder Schlafsofa, Futon, Matratze …) an, das du sowohl alleine gemütlich voll bewohnen kannst als auch mit einem potenziellen neuen Sexpartner. Dein Bett ist immer auch ein Symbol für den Umgang mit deiner Sinnlichkeit und Sexualität. Wie wichtig nimmst du sie? Wie einladend wirkt dein Bett auf dich?

Dein Esstisch

Steht in deiner Küche ein winziger Klapptisch, an dem kaum ein zweiter Stuhl Platz hat? Oder beherbergt dein Zimmer einen massiven Holztisch, den du sowohl als Schreibtisch als auch als Esstisch mit Freunden nutzen kannst? Mit letzterer Variante bist du sicherlich besser bedient. Du wirst es selbst spüren, wie viel lieber du Nachbarn und Freunde an einen großen, schönen Tisch einlädst. Es ist ein Ausdruck von »Willkommenskultur«, aber auch ein herrlicher Luxus für dich selbst, dich an einem großen Tisch ausbreiten zu können.

Deine Gefriertruhe

Den meisten Singles fällt es schwer, jeden Tag gesund zu kochen, nur für sich alleine. Sei es, weil sie beruflich sehr eingespannt sind, sei es, dass sie es einfach deprimierend finden, nur für sich selbst zu kochen. Um nicht stattdessen von Fastfood und Käsebroten leben zu müssen, hat sich vom Studenten bis zur Rentnerin folgender Trick bewährt: Du kochst ein bis zwei Mal die Woche einen leckeren Eintopf, eine Suppe, ein indisches Gemüsecurry o.Ä. und frierst das Gericht auf kleine Portionsdöschen verteilt ein. Dann kannst du dir immer etwas Leckeres, selbst Gekochtes warm machen – ohne großen Aufwand. (Auch für Singles mit Kind sehr zu empfehlen!)

Dein Zimmer – das Nicht-Kinderzimmer!

Viele Singles mit Kind wohnen in Zweizimmerwohnungen, weil sie sich einfach kein drittes Zimmer leisten können. Das muss nicht heißen, dass du keinen Raum für dich hast! Es bedeutet nur, dass ihr respektvoll und mit Bedacht den vorhandenen Raum nutzt. Solange dein Kind noch ein Baby ist, mag die Wohn-Schlafzimmer-Aufteilung noch angenehm sein. Spätestens dann aber solltest du deutlich machen, dass es ein Kinderzimmer gibt und einen Raum, der DEIN Zimmer ist! Und in seinem eigenen Zimmer kann man machen, was man will. Spielsachen wandern abends ins Kinderzimmer und gehören nicht in deinen Raum! Ebenso gehört dein Bett (und sei es ein Schlafsofa) nachts DIR und darf nur als »Besucher« betreten, nicht aber selbstverständlich okkupiert werden.

Die Quatschecke

Wo in deiner Wohnung kann man richtig gemütlich sitzen und mit Freunden quatschen – und sei es am Telefon?
Ich kenne Single-Wohnzimmer, da steht ein einsames Sofa mit Logenblick auf den gigantischen Flachbildfernseher. Das war's. Nun gut, so kann man seine Freizeit auch verbringen. Aber mal ehrlich, ist das dein Traum? Nein? Dann mach Platz für gute Gespräche! Beim Reden möchte man bequem, aber einigermaßen aufrecht sitzen, sich anlehnen und den anderen ansehen können. Über Eck oder gegenüber geht das gut – nebeneinander nur, wenn man sich den Hals verrenkt. Gepolsterte Stühle am Küchentisch sind manchmal besser geeignet als ein zu tiefes Sofa. Probier es aus!

DER »SKIN HUNGER«: KÖRPERLICHE NÄHE GENIESSEN

Wenn man Singles fragt, was sie am meisten vermissen, so ist es oft gar nicht wirklich Sex. Es ist körperliche Nähe. Das »Kuscheln«, das Umarmt-, Gehalten- und Gestreicheltwerden. Manchem stehen schon die Tränen in den Augen, sobald er nur davon spricht, wie sehr ihm das fehlt.

Und in der Tat, körperliche Nähe ist ein menschliches Grundbedürfnis. Babys, denen jede Art von Berührung verweigert wird, sterben sogar. Wir Erwachsenen sterben vielleicht nicht äußerlich, aber innerlich verkümmern auch wir, wenn uns niemand mehr berührt.

BERÜHREN ERWÜNSCHT

Viele Menschen gestehen sich dieses (eigentlich so grundlegende) Bedürfnis nur ungern zu und verdrängen es lieber, obwohl es sie quält. Andere missverstehen es als Wunsch nach Sex und glauben, nur mit einem Sexualpartner könnten sie Abhilfe finden. Das ist glücklicherweise Unsinn. Wir brauchen keine Partnerschaft, um unseren Wunsch nach körperlicher Nähe zu befriedigen. Wir können vielfältige andere Wege finden.

Massagen

Ein sehr guter Weg, das Bedürfnis nach Berührung und Hautkontakt zu befriedigen, ist, sich gelegentlich eine Massage zu gönnen. Viele Thermen, Saunen und Spa-Anlagen bieten professionell geschultes Personal für Wellness-Massagen. Auch das Angebot an seriösen »Wohlfühl-Massagen« durch Heilpraktiker/innen und ähnliche Anbieter hat sich in den letzten Jahren stark verbessert. Ebenfalls arbeitet der lokale Physiotherapeut für Privatpatienten. Wenn dir das zu teuer ist, kannst du dich im Freundeskreis umhören, ob jemand Interesse am Austausch von Massagen hat. Dafür kann es hilfreich sein, zunächst einmal einen Kurs in klassischer Rückenmassage zu besuchen. Einige Volkshochschulen bieten so etwas an, ebenso viele Wellness-Kurs-Veranstalter.

Umarmungen

Wir leben in einer extrem berührungsarmen Kultur. Das tut uns nicht gut. Fang langsam und behutsam an, dem entgegenzuwirken: Umarme deine Liebsten. Deine Kinder, Eltern, Freundinnen und Freunde. Ohne »übergriffig« zu werden oder anderen etwas aufzunötigen, wirst du spüren, dass das nicht nur dir, sondern auch anderen guttut. Es stärkt euer Gefühl von Verbundenheit und öffnet eure Herzen.

Kampfsport

Es mag überraschend klingen, aber auch beim Kämpfen findet intensiver Körperkontakt statt, der energetisierend und belebend wirkt. Nicht zufällig wählen Heranwachsende oft diese Art von körperlicher Nähe miteinander: Sie balgen sich, sie kämpfen, sie erproben ihre Kräfte. Bei Erwachsenen wirkt das ebenso gut!

Tanzen

Gerade jene Tanzformen, die in ganz nahem Körperkontakt praktiziert werden, eignen sich wunderbar, um den eigenen »Nähespeicher« miteinander aufzufüllen! Kontaktimprovisation, Tango, aber auch alle anderen Paartanz-Arten sind sehr geeignet. Auch »Biodanza«-Gruppen bieten ein intensives körperliches Erlebnis. Bevor du dich auf eine Kontaktimpro-Jam oder eine Tango-Milonga begibst, solltest du aber ein wenig »Handwerkszeug« in der angestrebten Tanzkunst erwerben. Das heißt, einen Kurs oder Workshop zu besuchen. Dann wirst du dich auch sicher genug fühlen, den Tanz vollauf zu genießen.

Kuscheln, Sex, Intimes

Mehr dazu im Kapitel »Alternative Spielwiesen« (Seite 78).

Wichtig ist, dass DU die Verantwortung übernimmst für deinen »Skin hunger« – egal auf welche Weise. Sicher gibt es noch viele andere kreative Lösungen, die hier gar nicht bedacht sind!

In eine schlimme Lage bringst du dich, wenn du glaubst, nur »der/die Richtige« würde dich von deiner Sehnsucht nach Körperkontakt befreien können, und so lange müssest du still leiden. Diese Qualen sind nicht notwendig! Mach dich lieber aktiv auf die Suche, was du für dich tun kannst, statt schicksalsergeben zu warten, dass sich das Problem eines Tages durch den Auftritt des Traumprinzen oder der Prinzessin löst!

GUT GEKONTERT!

Übung

Ein anstrengender Aspekt des Single-Lebens sind die häufigen, mehr oder weniger wohlmeinenden Bemerkungen deines Umfelds zu deinem Beziehungsstatus. Hier ein paar Ideen für einen entspannten Umgang.

Du kennst das sicher. Tante Annegret hat dich wieder einmal vor großer Runde gefragt, wo es denn bei dir hakt mit dem Auffinden eines Ehemannes, und süffisant hinzugefügt, du seist wohl »zu beschäftigt«.

Jetzt schwillt dein inneres Wut-Teufelchen mächtig an und möchte zum Gegenschlag ausholen.

Teufelchen: »Los! Sag dieser Giftspritze, dass du lieber lebenslänglich in einer Einzelzelle hocken würdest als lebenslang neben Onkel Erich auf dem Sofa!«

Achtung! Jetzt tief durchatmen! Das Wut-Teufelchen mag inhaltlich noch so recht haben, trotzdem machst du dir das Leben nur selbst schwer, wenn du dich von ihm in heillosen Zorn hineinziehen lässt. Erfahrene Singles empfehlen folgenden inneren Dialog:

Du: »Ach, liebes Teufelchen. Ist sie mit diesem Mann nicht genug gestraft? Muss ich sie da auch noch beleidigen?«

Teufelchen: »Pah! Sie nimmt doch auch keine Rücksicht auf dich! Sie demütigt dich, wo sie kann! Schlag endlich zurück! Du kannst es!«

Du: »Ja, ich könnte es. Aber was würde es bringen?«

Teufelchen: »Dass du es dem gemeinen Scheusal mal zeigst! Rache ist süß!«

Du: »Ach, nein, ist sie nicht. Rache ist bitter. Wenn Tante Annegret mit ihrem Leben und ihrer Ehe wirklich glücklich wäre, müsste sie nicht auf mir herumhacken. Wahrscheinlich beneidet sie mich glühend um meinen spannenden Beruf.«

Teufelchen: »Oho, ah ja, bestimmt. Und warum sagt sie dann nicht *das* statt ihrer üblichen Gemeinheiten?«

Du: »Weil sie es nicht kann. Dann müsste sie vor sich selbst zugeben, dass bei ihr auch nicht alles rund läuft. Das traut sie sich nicht.«

Teufelchen: »Genau! Feige ist sie nämlich auch noch, die alte Kuh. Total verlogen und verheuchelt und unehrlich!«

Du: »Hm. Ja, und das möchte ich nicht genauso machen, verstehst du?«
Teufelchen: verschränkt die Arme und guckt kritisch.
Du zu Tante Annegret: »Ja, ich arbeite tatsächlich viel. Und das macht mir Spaß. Und manchmal fehlt mir auch ein Partner. Ich denke, er taucht noch auf, wenn es denn so sein soll.« Du legst begütigend eine Hand auf Tante Annegrets Arm. »Wir leben unser Leben alle, so gut wir können, was?«
Tante Annegret lässt die Kuchengabel sinken und schaut dich sehr erstaunt an. Das Teufelchen atmet hörbar aus. Jetzt weißt du: Für diesmal hast du gewonnen!

SINGLE-KLISCHEE-PHRASEN KONTERN

»Wann kommt denn nun bei dir mal der/die Richtige?«	*»Warum? Fehlt er/sie dir so?«*
»Du musst deine Vergangenheit eben erst mal gründlich aufarbeiten.«	*»Hab ich schon! Jetzt kümmere ich mich lieber darum, das Hier und Jetzt zu genießen!«*
»Also Heinz-Egon und ich würden uns ja nie trennen.«	*»Ja, das wäre auch sicher sehr schwer für euch beide, alleine zu sein.«*
»Es ist schon tragisch, wie viele Menschen heute alleinstehend sind.«	*»Findest du? Also mir kommen die Alleinstehenden oft viel lustiger vor als die Verheirateten!«*
»Seit ich mit Jochen zusammen bin, hab ich solche Probleme wie du ja Gott sei Dank nicht mehr.«	*»Ja, das glaub ich dir! In einer Beziehung hat man ja dann ganz andere Probleme!«*
»Ohne meine bessere Hälfte wär ich ja total aufgeschmissen!«	*»Stimmt, das muss unheimlich hart sein, wenn man sich nur als halber Mensch fühlt!«*

DER PARTNER ALS DER ERLÖSER?

Gefragt, woran sie denn glauben, antworten viele moderne Menschen: an die Liebe. Und damit meinen sie keineswegs eine universelle Nächstenliebe im spirituellen Sinne. Sondern sie meinen die romantische Liebe in der exklusiven Zweierbeziehung. Liebe als Ersatzreligion.

ÜBERSTEIGERTE ERWARTUNGEN

Nachdem Jesus als Erlöser von weiten Bevölkerungsschichten abgewählt wurde, soll jetzt der vorhandene oder zu erwartende Beziehungspartner als Messias fungieren und uns von allem Leid erlösen. Er soll unserem Leben Sinn verleihen, in »unserem Herzen wohnen« und damit jede innere Leere füllen, das Beste in uns hervorbringen, uns in allem Leid beistehen, immer ansprechbar sein und unendliches Mitgefühl haben. Die Heilserwartung ist schier grenzenlos.
Dass wir uns selbst und den Liebespartner damit gnadenlos überfordern, wird allerorten deutlich. Viele Menschen sind permanent unzufrieden mit ihren Beziehungen und versuchen krampfhaft, entweder sich selbst oder aber den Partner an ihre grandiosen Erwartungen anzupassen. Bis sie erschöpft aufgeben. Daraus schließen wir dann aber nicht etwa, dass an dieser Heilserwartung generell etwas schräg ist. Sondern wir denken entweder, der (oder die) andere sei eben doch noch nicht »der / die Richtige«. Oder mit uns selbst sei psychologisch etwas nicht in Ordnung, wir seien »bindungsunfähig« und deshalb vom Heilsversprechen ausgeschlossen. Diese Selbstzweifel können äußerst existenziell sein: Genau wie im Mittelalter geißeln wir uns bis zur Selbstzerfleischung über der Frage, ob unser »Glaube« auch stark genug sei.

Das Gefährliche an der Liebe als Ersatzreligion ist: Was passiert, wenn der vergötterte Partner, die Heils-Beziehung gerade abhandengekommen ist? Sind wir dann nicht arme Verlorene? Wer soll uns dann erretten?

Wenn du selbst gerade Single bist, ist das vielleicht ein guter Zeitpunkt, deine Werte und inneren Glaubenssätze einmal kritisch unter die Lupe zu nehmen.

»——› Welche Dinge sind dir in deinem Leben wichtig? Kreativität, soziales Engagement, spirituelle Praxis, Kontakt zu Kindern, persönliches Wachstum, Sex, beruflicher Erfolg, was immer es sei.

»——› Wie kannst DU SELBST dafür sorgen, dass du diese Dinge entwickeln, erleben, vertiefen kannst – ohne darauf warten zu müssen, dass ein Partner / eine Partnerin als »Erlöser« dir dies ermöglicht?

DAS SAHNEHÄUBCHEN AUF DEINEM KUCHEN

Eine harmonische Paarbeziehung kann so etwas wie das Sahnehäubchen auf dem Kuchen eines gelingenden Lebens sein. Aber den Kuchen musst du schon selbst backen.
Und genau das kannst du jetzt tun, als Single. Du kannst an deinem wunderbaren Lebenskuchen herumtüfteln. Finde das beste Mehl, die leckersten Kirschen, die optimale Backdauer. Teile deinen Kuchen mit anderen und probiere ihre Kuchen – so lernst du noch mehr über das Backen.
Ja, und dann sind da diese Momente, wo der Kuchen unseres Lebens so gar nicht gelingen mag. Wo alles schiefzugehen scheint, wir uns einsam und überfordert fühlen. Dann ist es wunderbar, wenn wir an eine Kraft glauben können, die größer ist als wir. Wenn wir um innere Führung bitten oder beten können. Vertrauen fassen in eine gute Kraft, Gott oder wie auch immer wir es nennen. Viele Wege der spirituellen Praxis oder der Auseinandersetzung mit dem Sinn des Lebens können dort hinführen.
Gehen müssen wir sie selbst.

Fakt ist, dass das selbstverantwortliche, freudvolle Herumbasteln am eigenen Lebenskuchen letztlich auch das Erfolgsrezept für gelungene Partnerschaften ist. Dort, wo niemand vom anderen erwartet, als Heilsbringer die eigene innere Leere aufzufüllen, dort gedeiht eine Kultur des gegenseitigen Interesses und Respekts. Dort, wo zwei selbstständige Individuen aufeinandertreffen, entsteht ein Resonanzraum für freiwillig geschenkte Zuneigung und Liebe.

ERSTE HILFE FÜR »SINGLE-BLUES-TAGE«

Selbst, wenn du dein Single-Leben noch so vorausschauend und selbstfürsorglich einrichtest, es gibt sie doch: die Single-Blues-Tage. Diese Tage, an denen du dich fühlst wie ein schwerbeschädigtes Stück Sperrmüll. Mit der Lebensenergie eines eingeweichten alten Brötchens wachst du morgens auf und denkst nur eines: Aus mir wird nicht mal mehr eine Boulette. Ich bin zu gar nichts nutze in dieser Welt. Niemand wird mich jemals mehr lieben. Aber Vorsicht, bevor du jetzt wirklich zum Strick greifst, atme tief durch. Sag dir:

Dies ist nur ein ganz gewöhnlicher Single-Blues-Anfall. Er wird vorübergehen, ganz sicher.

Und bis dahin kannst du zum Beispiel Folgendes tun:

★ Ab in die Wanne

Lass dir ein schönes warmes Bad mit einem duftigen Zusatz ein. Bleib liegen, bis du dich wohlig durchgewärmt und bis in die Haarspitzen sauber fühlst. Notfalls tut es auch eine ausgiebige Dusche.

Danach creme dich am besten mit einer schön reichhaltigen, köstlich duftenden Bodylotion oder einem Öl ein. Das aktiviert deinen Stoffwechsel und du fühlst dich gleich ein bisschen wohler in deiner Haut.

★ Hollywood-Narkose

Mach es dir vor der Glotze gemütlich und schau eine deiner liebsten Schmonzetten an. (»Schlaflos in Seattle«, »Vier Hochzeiten und ein Todesfall«, »Schokolade zum Frühstück«, etc.) Auch ein Gläschen Wein oder ein Bierchen dazu sind erlaubt. Am besten vor Rührung richtig abheulen: immer wieder hilfreich!

★ Wie bei Muttern

Koch dir ein »Kinder-Essen«. Etwas, was du als Kind schon gerne gegessen hast: Grießbrei mit Kirschen, Bratwürstchen mit Kartoffelbrei, was immer es sei. Das besänftigt den Darm und somit auch deine aufgewühlten Gefühle. Es muss nicht schrecklich gesund sein, Hauptsache, es tut dir jetzt gut!

Flashback

Geh los und kauf dir ein paar Dinge, die dir als Teenager Freude bereitet haben. Eine Packung Schokokekse und eine Mädchenzeitschrift (mit vielen tollen Tipps gegen Liebeskummer!). Oder eine Tüte Chips und ein Fußballmagazin. Etwas, was du früher gemocht und als »Luxus« empfunden hast. Es wird deiner Seele auch jetzt guttun!

Aufräumen

Das »Klären« der äußeren Welt geht immer auch mit einem Gefühl innerer Erleichterung und »Klärung« einher. Statt herumzugrübeln, schnapp dir Staubsauger und Putzlappen und verwandle deine vier Wände in eine Umgebung, die Behaglichkeit und Geborgenheit ausstrahlt. Ruckzuck atmest du wieder tiefer durch und in deinem gelichteten inneren Raum entsteht neue Tatkraft.

Briefe schreiben

Setz dich hin und schreib einen langen Brief an jemanden, den du lieb hast und bei dem du dich jetzt schriftlich so richtig »ausheulen« kannst. Dieser jemand kann gerade vielleicht nicht räumlich bei dir sein, aber dennoch kannst du ihm / ihr alles anvertrauen, was das Leben gerade so schwer für dich macht. Geteiltes Leid ist halbes Leid!

Gesunde Selbstfürsorge

Vorsicht: Wenn auch diese Dinge nicht helfen, sich die »Keiner-liebt-mich-Tage« mehr und mehr häufen und du dich zu wirklich gar nichts mehr aufraffen kannst, dann läuft etwas schief in deinem Leben. Verharre auf keinen Fall in Einsamkeit, wenn es dir länger als zwei Wochen am Stück schlecht geht. Dann musst du unbedingt die Verantwortung für dich übernehmen und dir Unterstützung organisieren. Setze rechtzeitig Hilfesignale an mehrere gute Freundinnen und Freunde ab und bitte um einen Rückruf. Sei zu mindestens einem anderen Menschen so ehrlich zuzugeben, dass du es gerade alleine nicht mehr aushältst. Ziehe in Betracht, ob da nicht eine ernst zu nehmende Depression heraufdämmert – und nimm professionelle Hilfe in Anspruch. Eine Psychotherapie oder eine ähnliche Begleitung können dich gut darin unterstützen, wieder auf einen besseren Weg zu finden. Es bringt nichts, aus Scham oder falschem Ehrgeiz alles alleine schaffen zu wollen. Lass dir helfen!

WAS SINGLES WIRKLICH BRAUCHEN

1

Vertraute Gespräche

Wir alle brauchen Menschen, mit denen wir uns austauschen können, bei denen wir uns Rat holen und uns auch mal »ausheulen« können. Das geht keineswegs nur in festen Partnerschaften. Liebe Freundinnen und Freunde, die Mitbewohner, Geschwister oder wer auch immer dir nahesteht kann ein solches Gegenüber sein.

2

Körperliche Nähe

Die Neurowissenschaften belegen es neuerdings reihenweise: Der Mensch hat ein tiefes Bedürfnis nach körperlicher Nähe – diese muss aber keineswegs sexueller Natur sein. Indem du mit Freund/innen und Familienmitgliedern Umarmungen austauschst, dir regelmäßig Massagen gönnst oder zum Tanzen gehst, kannst du deinen »Skin hunger« auch ohne feste Partnerschaft gut stillen.

3

Fürsorge geben

Gerade für Singles ohne Kind ist es eine Gefahr, dass sie mehr und mehr das Gefühl bekommen, »überflüssig« in dieser Welt zu sein, da sie von niemandem gebraucht werden. Wirke dem entgegen! Schau dich um und du wirst sehen, dass allerorten Hilfe und Zuwendung gebraucht werden. Engagiere dich für Flüchtlinge, besuche einen alten Menschen, unterstütze deine junge Nachbarin, indem du ihr Kind hütest. So verbindest du dich mit der Welt und fühlst deinen Platz darin.

4

Teil einer Gemeinschaft sein

Zugehörigkeit zu erleben ist ein menschliches Grundbedürfnis. Gerade Singles brauchen in ihrem Leben feste Gruppen und Verbände, mit denen sie sich regelmäßig treffen und in denen sie stabile Verbundenheit erleben. Das kann ein Chor sein oder ein Literaturkreis, ein Sportverein oder eine Studiengruppe. Hauptsache, es gibt regelmäßige Treffen und du bist mit diesen Menschen wirklich gerne zusammen.

5

Neue Begegnungen erleben

Nutze deine Ungebundenheit! Das Tolle daran ist nämlich, dass du immer und überall mit wachen Augen in die Welt schauen kannst, ob dir da nicht ein wunderbarer, aufregender Mensch begegnet, mit dem du das nächste Wegstück zusammen zurücklegen möchtest. Bleib offen für solche Begegnungen und genieße dieses Privileg – fest gebundene Menschen können sich solch absolute Offenheit nicht erlauben!

6

Ein stabiles Zuhause

Jeder Mensch braucht einen sicheren Rückzugsort. Das muss aber nicht der »Hafen der Ehe« sein. Sondern dein liebes Single-Zuhause kann dir ein ebenso wunderbarer Hafen sein, wo du ausruhen, abschalten und auftanken kannst. Gestalte diesen Hafen mit Bedacht und Liebe! Mach ihn zu einem Ort, an den du gerne zurückkommst, jeden Tag, und der deinen ganz persönlichen Bedürfnissen gerecht wird.

Zweites Kapitel

Allein sein heißt nicht einsam sein! Dein buntes Beziehungs-Netzwerk

In diesem Kapitel erfährst du:

Wie du dir ein Lebensumfeld aufbauen kannst, in dem du dich verbunden und getragen fühlst

Wie Reisen als Single richtig Spaß macht

Was du tun kannst, um gut für dich zu sorgen, und dabei Flexibilität und Offenheit für neue Begegnungen behältst

NETZWERKE DER UNTERSTÜTZUNG

Die meisten Singles, die ich kenne, wuppen ihren Alltag meisterhaft. Sie vermissen zwar phasenweise eine Partnerschaft, sind aber überwiegend zufrieden mit ihrem Leben. Auf die Frage, was sie am Single-Dasein am meisten nervt, haben mir überraschend viele geantwortet, dass ihnen öfter mal einfach praktische Hilfe fehle.

Jemand, der hilft, ein schweres Möbelstück umzusetzen. Der fix eine kaputte Steckdose reparieren kann, der die Leiter festhält bei der Montage der neuen Gardinenstange. Der weiß, wie man diese bescheuerten Sojasoße-Flecken aus dem Teppich bekommt oder sich mit dem Formular 752 C Anlage K der Steuererklärung auskennt.
Für Singles ist es manchmal schwer, scheinbar alles alleine können und wissen zu müssen. Denn das kann de facto kein Mensch. Es hat allerdings auch niemand Lust, immer noch ständig seine Eltern anzurufen bei jedweden offenen Fragen (zumal die auch nicht für immer verfügbar sind) oder sich durch Guter-Rat-Foren zu googeln (deren Rat oft eher zweifelhaft ist).

Da hilft nur eines:
Gute Vernetzung.

HELFEN, TEILEN, TAUSCHEN, VERSCHENKEN

Du brauchst in deinem erreichbaren Umfeld viele Menschen, denen du bei Bedarf sowohl Hilfe anbieten und entsprechend auch um solche bitten kannst. Ich habe zum Beispiel einen Freund, dessen wissenschaftliche Arbeiten ich Korrektur lese, und er hilft mir im Gegenzug bei handwerklichen Problemen. Manchmal sogar direkt gleichzeitig: Während ich seinen Aufsatz durchgehe, werkelt er hinter mir in der Wohnung mit Wasserwaage und Bohrmaschine. Danach trinken wir noch einen Kaffee und quatschen – beide froh und dankbar. Prima, oder?
Eine gute Voraussetzung für solche Hilfsgemeinschaften ist, dass du den Menschen in deinem persönlichen Umfeld zunächst möglichst oft Hilfe anbietest bei Dingen, die dir persönlich leicht fallen und die du gerne tust.

Kuchen backen, Umzugshilfe oder eben Korrektur lesen – auch du hast bestimmt viele große und kleine Talente, die anderen hilfreich sein können. Gemeinsam mit einem Freund habe ich beispielsweise im Laufe der Jahre schon sechs Wohnungen zusammen renoviert (seine und meine). Wir sind ein unschlagbares Team!
Auch Dinge weiterzuverschenken, statt sie zu verkaufen, ist eine großartige Möglichkeit. Als mein Sohn geboren wurde, bekamen wir den Großteil aller notwendigen Dinge einfach »weitergereicht« von anderen. Später habe ich dies alles dann ebenso weiterverschenkt an Freunde und Nachbarinnen, die ihr erstes Kind bekamen.
Für manche praktischen Belange gibt es inzwischen auch schon Formen des »organisierten Teilens«: zum Beispiel das Car-Sharing. Statt dass jeder Single die Stadt mit einem zusätzlichen Auto verstopft, kann man sich punktgenau dann eines ausleihen, wenn man es braucht. Und muss sich nicht um Reparaturarbeiten, Winterreifen, Versicherung, TÜV etc. kümmern. Sehr praktisch!

Manche Menschen helfen auch einfach gerne und möchten dafür gar nichts »Praktisches« zurück. In unserem Haus lebt ein lieber alter Herr, der mir schon oft das kaputte Fahrrad repariert hat. Dafür bringe ich ihm immer mal selbst gebackene Kekse oder eine andere Aufmerksamkeit vorbei. Öfter stehe ich im Hof und plaudere ein Viertelstündchen mit ihm. Ich schenke ihm sozusagen Zeit und Zuwendung zurück. Keine große Sache. Aber das gibt uns beiden ein gutes Gefühl.

Dieser »Kreislauf« der Freigiebigkeit funktioniert oft nicht als direkter Rückfluss, sondern du gibst ganz anderen Menschen als jenen, von denen du Dinge bekamst. Und dennoch wirst du immer wieder merken: Je mehr du verschenkst, desto mehr bekommst du auch zurück. Es ist ein kosmisches Prinzip: Probier es aus!

DEIN LEBENSUMFELD ALS SINGLE-ELTERN

Wie kolossal wichtig ein unterstützendes Lebensumfeld gerade für eine Single-Mutter ist, wurde mir erst klar, als ich meines einmal (vorerst) verlor.

Die erste Zeit nach der Trennung von meinem Exmann lebte ich mit meinem kleinen Sohn weiterhin im Berliner Stadtteil Friedrichshain. Hier gehören getrennt lebende Eltern zur Normalität und im Kindergarten meines Sohnes herrschte ein Klima der Solidarität und Unterstützung. Viele Eltern waren Single und teilzeiterziehend, etliche hatten künstlerische oder andere freie Berufe, kurz, »anders« sein war selbstverständlich. In unserem Haus lebten drei kinderlose Paare, die sich schier darum rissen, abends mein Kind zu hüten, wenn ich Termine hatte oder ausgehen wollte. Ich lebte im Paradies.

IN EINER ANDEREN WELT

Dann zogen wir zur Einschulung meines Sohnes in das kleinere, grünere, ruhigere Potsdam. Und ich fand mich in einer anderen Welt wieder.

In dem gediegenen Wohnviertel lebten überwiegend wohlsituierte Akademikerfamilien. Viele pflegten eine Art »neokonservativen« Lebensstil: Beide Eltern haben ein Studium oder eine qualifizierte Berufsausbildung, man versteht sich als progressiv. Trotzdem geht nur der Mann arbeiten und die Frau versorgt zu Hause drei bis fünf Kinder. Die Botschaft, die ich allerorten empfing, war: Wir sind uns selbst genug. Noch nie hatte ich mich so einsam gefühlt, so an den Rand gedrängt. In der Elternschaft der neuen Schule war ich als alleinerziehende Freiberuflerin eine Art »Sozialfall«. Ich war die einzige Mutter in der Klasse, die weder einen Ehemann noch ein Haus, ein großes Auto oder mehrere Kinder vorweisen konnte – die hier ebenfalls als Statussymbol gelten. Als ich vor Halloween einige Eltern der neuen Mitschüler meines Sohnes durchtelefonierte, ob die Kinder nicht gemeinsam »um die Häuser ziehen« wollten, bekam ich zur Antwort: Wir kriegen schon Besuch von anderen *Familien*. Es war klar: Wir gehörten hier nicht dazu. Ich war verzweifelt.

SPINNE EIN NETZWERK

Wenn du dich in einem wenig unterstützenden Umfeld wiederfindest, in dem du dich als Single-Mutter oder -Vater isoliert und fremd fühlst, ist es zunächst einmal wichtig, dass du das wahrnimmst und dir ehrlich eingestehst. Du solltest das ernst nehmen und auch ernsthaft die Möglichkeiten prüfen, Wohnort, Stadtteil oder auch die Wohnform zu wechseln. Wenn du dich aus guten Gründen gegen einen räumlichen Wechsel entscheidest, musst du dich *aktiv* auf die Suche nach Verbündeten begeben. Und glaub mir, sie finden sich! So gut wie überall!

So lernte ich nach und nach, näher hinzuschauen, und erkannte, dass es natürlich auch freundliche Elternpaare gab, die mich als Mensch respektierten und ebenso mein Kind. Vor allem die Patchworkfamilien waren oft die offeneren, denn sie hatten selbst schon anders gelebt und empfanden uns nicht als »unnormal«.

Ich lernte auch, dass es in Wirklichkeit mehr Singles unter den Eltern gab, als auf den ersten Blick sichtbar war – weil sie sich hier verschämt zurückhielten auf den Elternabenden, ebenso wie ich ja zunächst auch.

Da schnell klar geworden war, dass ich hier über die »Eltern«-Kontakte zu wenig Anschluss fand, konzentrierte ich mich darauf, generell andere Alleinlebende zu finden, egal, ob sie Kinder hatten oder nicht. Ich entdeckte einige meiner Nachbarinnen als solidarische Single-Genossinnen, die ich notfalls um Hilfe bitten konnte. Und ich spürte jene Orte auf, an denen Singles sich gerne aufhalten. So gab es zum Beispiel einmal im Monat eine legendäre Tanzparty. Auch die vielen Chöre des Viertels sind mit reichlich Alleinlebenden besetzt, ebenso wie politische oder kirchliche Aktionsgruppen und Gesprächskreise.

Mit der Zeit konnte ich ein Netzwerk spinnen, das sich nun wie von selbst weiter und weiter vergrößert.

Singles mit Kind empfinden sich häufig als »zwischen den Stühlen sitzend«: Weder können sie den unabhängigen und flexiblen Lebensstil der kinderlosen Singles teilen, noch fühlen sie sich wirklich zugehörig in der Welt der Familien. Überall sind sie »anders« und nur so halb zu Hause. Deshalb kann es, gerade für frisch getrennte Alleinerziehende, wirklich sinnvoll sein, über entsprechende Netzwerke gezielt Kontakte zu anderen Single-Eltern zu suchen.

SINGLE-SEIN: EIN GRUND ZUR SCHAM? BITTE NICHT!

Bei vielen Alleinlebenden sitzt die Scham noch tief. Offenbar sind die Zeiten, wo »geschieden« mit »gescheitert« gleichgesetzt wurde und »ledig« mit »chronisch verschroben«, doch noch nicht lange genug her.

Als ich begann, an diesem Buch zu schreiben, und dafür einige entferntere Bekannte erstmals direkt auf ihr Single-Dasein ansprach, zuckten sie zusammen, als spräche ich sie auf eine chronische Erkrankung an. Es war ihnen sichtlich *peinlich*. Manche blickten sich um, als hätte ich sie in der Öffentlichkeit »geoutet«. Die Parallelen zu den Ängsten gleichgeschlechtlich liebender Menschen sind nicht zu übersehen. Auch Singles erfahren sich nach wie vor häufig als »unnormal« oder »minderwertig« stigmatisiert. Das stimmte mich nachdenklich. Wir sind also noch immer weit entfernt von einer Gesellschaft, in der jede Lebensform als gleichberechtigt und gleichwertig betrachtet wird. Bis wir dort angekommen sind, müssen wir uns die Resonanz und Unterstützung, die uns guttun, aktiv selbst suchen und schaffen.

DIE PÄRCHEN-SELBSTGEFÄLLIGKEIT

In Beziehung lebende Menschen maßen sich Singles gegenüber öfter einen erstaunlichen Gestus moralischer Überlegenheit an. Die Haltung: »Ach, wenn du nur alles richtig machst, wirst du es eines Tages auch so gut haben wie wir!« erinnert gelegentlich an die überhebliche Selbstgefälligkeit konservativer Elternpaare ihren Kindern gegenüber. Dass so mancher Single sich keine größere Strafe vorstellen kann, als »lebenslänglich« in einer solcherart vorgestellten Beton-Beziehung ausharren zu müssen, ist diesen Menschen noch nie in den Sinn gekommen. Sie halten ihre Lebensform – frei von jeder kritischen Selbstreflektion – für das Maß aller Dinge.

Das Schwierige ist: Man nimmt sich selbst auch im Spiegel der anderen wahr. Wenn dein Lebensumfeld dir als Single permanent signalisiert: »Du bist *anders*!«, wird es immer schwerer, dich selbst als »normal« zu akzeptieren. Das bedeutet, du zweifelst mit jedem Tag mehr an

deiner Lebensform als Single und fragst dich immer verzweifelter, was du nur »falsch« gemacht hast, dass du es nicht geschafft hast, so zu werden wie doch scheinbar alle anderen. Und je tiefer du dich selbst verbohrst in diese Frage, umso unzufriedener wirst du und bestätigst dir quasi selbst das, was das Außen dir suggeriert: Singles sind unglückliche, bedauernswerte »Gescheiterte«.
Ein scheußlicher Teufelskreis ist das!
Es ist nicht leicht, da wieder herauszukommen. Sondern es ist erstens ein Kraftakt und zweitens braucht es ein bisschen Geduld und Ausdauer.
Das bedeutet überhaupt nicht, jetzt krampfhaft nur noch mit anderen Singles zu tun haben zu wollen. Letztlich zählt der ganze Mensch, nicht seine Lebensform.

Es bedeutet vielmehr, sich aktiv mit Menschen zu umgeben, die auch dich als ganzen Menschen sehen können, ohne dich ob einer vermeintlichen »Mangelhaftigkeit« zu bemitleiden oder auszugrenzen. Ein gut funktionierendes Klima der Unterstützung gedeiht nämlich am besten dort, wo man sich grundsätzlich als gleichberechtigt und auch gleich stark betrachtet. Wo man sehen kann: Gut, der eine hat es hier leichter, aber dafür dort schwerer.

WAS DU ZU GEBEN HAST

Als Single-Mama musste ich mir erst einmal darüber klar werden, dass ich andere nicht nur brauchte, sondern auch etwas zu geben hatte! Zum Beispiel eine »sturmfreie Bude« an den Wochenenden, wo mein Sohn bei seinem Papa war. So etwas hatten verheiratete Mütter nie – also konnten wir uns bei mir am Samstagabend warmtrinken und nach der Party am Sonntag in Ruhe ausschlafen! Auch konnte meine Wohnung dann ein Ruhepol für gute Gespräche sein.

Überleg doch auch du mal:

»⟶ Was spiegelt dir dein Umfeld als Single wieder?
»⟶ Wie »normal« fühlst du dich dort?
»⟶ Was kannst du anderen durch deine Lebensform als Alleinlebender (mit Kind) besonders gut geben?
»⟶ Was bräuchtest du noch mehr von deinem Umfeld?
»⟶ Wie könntest du es bekommen?
»⟶ Wer kann dich dabei unterstützen?

ALLTAGSBEZIEHUNGEN MIT HERZ

Das Gute liegt oft so nah – man muss bloß richtig hinschauen!

Viele Singles leiden gelegentlich an einem Überschuss an Zeit und Liebe, da sie keine kuschelige Kleinfamilie haben, die das alles absaugt. Da gibt es nun drei Möglichkeiten:

1. Du kannst grantig und verbittert werden, dass dich keiner liebt und braucht, und dich resigniert von der Welt zurückziehen.

2. Du verballerst alle deine Energie im Job, so dass du jeden Abend so ausgelaugt und fertig nach Hause kommst, dass du deinen Liebesüberschuss einfach nicht mehr spürst.

3. Oder aber du schenkst deine Liebe und Aufmerksamkeit einfach den Menschen, die du sowieso jeden Tag siehst, weil sie deine Kolleg/innen, Nachbar/innen, Sportkamerad/innen usw. sind.

Ich empfehle ganz klar Variante 3.

CHANCEN FÜR GEMEINSCHAFT NUTZEN

Einmal stolperte ich nach der letzten Therapiesitzung am Freitag um 18:30 Uhr in die Mitarbeiterküche unserer Praxisgemeinschaft und fand dort zwei Kolleginnen vor, Wein trinkend und in ein fröhliches Gespräch vertieft. Ich hielt verblüfft inne. Dann schickte ich meinem Teenager-Sohn eine SMS, er solle sich doch bitte eine Pizza in den Ofen schmeißen, und setzte mich dazu. Und so saßen wir noch zwei Stunden unter viel Gelächter, in spontanem, offenem Austausch. Dann fuhren wir alle ganz beseelt nach Hause.
Ja, keine von uns lebt mit einem Mann zusammen, der zu Hause auf sie gewartet hätte. Solche Situationen sind ein Geschenk und entstehen nur, wo wir mit offenem Herzen Gemeinschaft spüren und uns auf sie einlassen – genau dort, wo sie zufällig entsteht. Wir hätten auch stattdessen alle drei gleich nach Dienstschluss nach Hause fahren und in unseren Wohnungen hocken können. Aber warum denn?!

Auch Nachbarschaften können eine echte »Community« sein, wo im Hof Grillpartys veranstaltet werden, man gegenseitig die Blumen gießt, Kinder hütet und Krankenbesuche macht. Statt einfach nebeneinanderher zu leben, kann man am Leben der anderen teilhaben und sich gegenseitig hilfreich zur Seite stehen. Als meine beiden alten Eltern einmal schwer erkrankten und gleichzeitig in verschiedene Kliniken eingewiesen wurden, waren es ihre *Nachbarn*, die mir halfen, die Lage zu managen. Menschen, die ich kaum kannte: Aber denen meine Eltern am Herzen lagen.
Ich bin mittlerweile mit vielen Menschen aus meinem Haus befreundet, Familien und Singles, Jungen und Alten. Diese Verbundenheit bedeutet mir viel. Sie gibt mir ein kleines Gefühl von Geborgenheit und Sicherheit.

Solche lebendigen Nachbarschaften entstehen oft nicht von selbst, sondern du kannst etwas dafür tun:

LADE ANDERE IN DEIN LEBEN EIN

»——› Du kannst öfter mal stehenbleiben und ein Pläuschchen halten.
»——› Du kannst dich mit Interesse nach dem Leben der anderen erkundigen.
»——› Du kannst ein Nachbarschaftsfest im Hof organisieren oder einfach in deinen Garten zum Grillen einladen.
»——› Du kannst Hilfe anbieten und um Hilfe bitten. Auch selbst um Hilfe bitten zu können ist wichtig und stärkt Verbundenheit.

Letztlich geht es darum, sich zu öffnen. Andere dazu einzuladen, an deinem Leben teilzunehmen – ebenso, wie du dich für ihr Leben interessierst. Solches Vertrauen wächst oft über Jahre.
Letzten Samstag wurde ich nach dem Vormittagseinkauf spontan von Julia und Stefan aus dem ersten Stock zum zweiten Frühstück reingebeten. Nachmittags schneite Ingo aus dem dritten Stock zum Tee vorbei, weil seine Freundin mal ihre Ruhe wollte! Am Sonntagmittag war ich bei Kerstin von gegenüber eingeladen, um ihren neuen Küchentisch einzuweihen. Und nachmittags saß ich im Hof in der Sonne und verfütterte meinen restlichen Kuchen an die lustigen Studenten aus der WG im Erdgeschoss. Dafür luden sie mich zu einer Partie »Mau-Mau« ein. Ich gewann sogar!
Da könnte man glatt vergessen, dass man Single ist!

Die Perlen
des LEBENS
hängen NICHT an einem
einzigen Faden.

William Morris

ES LEBE DIE FREIHEIT!

Viele Singles sehen heute schlicht und ergreifend gar nicht mehr die Notwendigkeit, in einer festen Partnerschaft zu leben. Und zwar keineswegs nur Jüngere! Schaut man einmal genau hin, scheint die Frage berechtigt:
Beziehung? Wozu eigentlich?!

Eine finanziell unabhängige Frau hustet sich eins, wenn der Liebhaber gönnerhaft signalisiert, er würde bei der Hausarbeit bestimmt »mithelfen«. »Mithelfen«?! Das klingt nicht gerade, als wolle er seine Hälfte auch künftig selbst bestreiten. Warum aber sollte die Frau das für ihn übernehmen wollen?
Meine unverschämt attraktive Nachbarin Kitty ist fast 70, auch wenn sie aussieht wie Anfang 50. Als ich sie einmal frage, ob sie keinen Partner vermisst, winkt sie lachend ab. »Ach du liebe Güte!«, ruft sie. »Nee, nee, und der will dann, dass ich ihm abends seine Bratkartoffeln mache, auf so etwas hab ich keine Lust mehr!« Und fröhlich winkend verschwindet sie mit ihrer Yogamatte unter dem Arm um die Ecke.

RAUS AUS DOGMEN UND ABHÄNGIGKEITEN

Die klassische Hausfrauenehe ist gegründet auf wechselseitige Abhängigkeit: Die Frau ist vom Geld des Mannes abhängig, er davon, dass sie seinen Haushalt und seine Kinder versorgt. Diese Aufgabenverteilung ist heute kaum mehr nötig, da Frauen ebenso gut ausgebildet sind und Männer ihre Vaterschaft aktiv praktizieren möchten. Beruflich zufriedene, aktive Eltern müssen nicht zwangsläufig zusammenwohnen und ein Paar sein. Selbst für verantwortungsbewusste »Aufzucht« der Nachkommen ist die klassische Zweierbeziehung also de facto verzichtbar, oder sagen wir: optional geworden.
Dass der Mensch eine Zweierbeziehung brauche, so dringend wie ein Dach über dem Kopf, ist ein mächtiges Dogma. Das man allerdings auch infrage stellen darf. Denn »die Natur« des Menschen legt ihm dies keineswegs nahe. Im Tierreich ist sexuelle Monogamie entgegen so mancher Behauptungen der absolute Ausnahmefall. Selbst Vögel, die von der Befruchtung bis zum Flüggewerden der

Jungen eine Zweierbeziehung praktizieren, lösen diese anschließend auf. Sie kommen zwar eventuell zur nächsten »Paarungssaison« wieder zusammen – aber eben auch nur eventuell! Und bei den uns artverwandtesten Säugetieren, den Primaten, ist die Aufzucht des Nachwuchses eingebettet in ein größeres Kollektiv und keineswegs mit sexueller Treue der Eltern verbunden. So hat sich die monogame Zweierbeziehung als Ideal auch in der Menschheitsgeschichte erst herausgebildet, als patriarchale Machtstrukturen dem Mann die Sorge einbrachten, ob er seinen materiellen Besitz auch wirklich »seinen« Nachkommen vererbe. Dafür musste bereits die Kindsmutter zum Besitztum erklärt werden, durch die Ehe nämlich. In matriarchalen Kulturen ist diese Art des Besitzdenkens bis heute unbekannt. Kinder werden in matrilinearen Kollektiven großgezogen, Männer »besuchen« die Frauen lediglich; auch wenn sie lebenslange »Freunde« werden können, besteht keinerlei Treueanspruch aufeinander.

»AMEFI« MUSS NICHT SEIN

Fraglos sehnen die meisten Menschen sich nach Nähe, Vertrautheit und Intimität. Dass diese aber nur im Rahmen einer exklusiven Zweierbeziehung zu finden seien, ist ein Konstrukt, das Menschen sich ausgedacht haben – und keine naturgegebene Notwendigkeit. Viele Menschen entscheiden sich heutzutage, lieber in Beziehungs-Netzwerken zu leben, statt sich an einen »AMEFI« (Alles Mit Einem Für Immer!)-Wunsch zu klammern. Für Menschen, deren Autonomiestreben sehr ausgeprägt ist, das Sicherheitsbedürfnis aber eher gering, kann das ein sehr gut funktionierendes Lebensmodell sein. So kann die Frage, wofür wir eigentlich einen Partner / eine Partnerin »brauchen«, immer nur sehr individuell beantwortet werden. Während der eine glaubt, nur an einem immerwährenden heimischen Herd glücklich leben zu können, nascht die andere gerne von vielen Töpfen.

Es lebe die Freiheit!

EIFERSUCHT: DIE SINGLE-FRAU ALS »BÖSE« KONKURRENTIN

Gerade jüngere und attraktive Single-Frauen machen öfter die schmerzhafte Erfahrung, dass sie von verpartnerten Frauen eifersüchtig angefeindet werden.

Lisa, 26 Jahre, Geigerin, berichtet: »Ich kam als jüngstes Mitglied in dieses Orchester, als eine von ganz wenigen Frauen und auch noch als Single. Von den Mitmusikern wurde ich durchweg freundlich und kollegial empfangen. Aber nicht so von deren Ehefrauen. Ich war bestürzt über das Ausmaß an Misstrauen und Feindseligkeit, das mir da bei den ersten Premierenfeiern oder Konzertreisen entgegenschlug. Und ich war auch wütend darüber. Da steckte ja die Unterstellung drin, ich wolle mich wohl irgendwie ›ranmachen‹ an meine Kollegen – die meisten wohlgemerkt doppelt so alt wie ich. Ich war neu in der Stadt und hätte mir wirklich mehr privaten Anschluss an die Kollegen gewünscht. Aber das war erst mal kaum möglich. Die Partnerinnen wussten es zu verhindern.«

Manche Frauen werden sogar aus einem langjährigen Bekanntenkreis abgesondert, nachdem sie Single werden.

Marlene, 32, erzählt: »Unser Umfeld bestand überwiegend aus Kindergarten-Eltern. Als wir uns trennten, stellte ich verblüfft fest, dass einige mich da plötzlich mit anderen Augen sahen. Andere Mütter beäugten mich jetzt mit einem Flackern von Misstrauen in den Augen. Ich war zu einer potenziellen Gefahr geworden. Einer Konkurrentin. Mir tat das total weh. Ich hatte mich in diesem Kreis immer sicher aufgehoben gefühlt, und plötzlich war ich die Zielscheibe solcher Projektionen. Dabei hatte ich nie von mir aus einen dieser Männer sexuell attraktiv gefunden. Trotzdem klebte mir als Single-Frau jetzt offenbar sofort das Etikett ›verfügbar‹ auf der Stirn.«

Ausgerechnet in einer Lebensphase, wo Lisa und Marlene sich von ihren Geschlechtsgenossinnen Solidarität und Unterstützung gewünscht hätten, sind sie auf Stutenbissigkeit und Konkurrenzdenken gestoßen. Nicht schön.

NICHT ANGENEHM, ABER OFT NICHT ZU ÄNDERN

Interessanterweise sind es oft die Partnerinnen von besonders wenig attraktiven Männern, die mit größten Verlustängsten und entsprechender Abwehr reagieren. Für die frisch gebackene Single-Frau kann das sehr schmerzhaft sein. Sie durchlebt hier einen zweiten Trennungsschub: nämlich von jenen Paaren in ihrem Umfeld, die sie jetzt nicht mehr als wertvollen, liebenswerten Menschen sehen, sondern als sexuell verfügbares Gefahrengut. Es ist das Misstrauen, das so wehtut an der Ablehnung, die den Singles da entgegenschlägt. Es ist die Botschaft, dass man sie nicht (mehr) für vertrauenswürdig hält, sondern ihnen nun zutraut, sich blindwütig auf den nächstbesten Mann zu stürzen, und sei es ein Familienvater. Was kannst du tun? Du kannst dir jedenfalls schlecht einen Sack überstülpen und dein Haupt mit Asche bestreuen, damit du nicht zu »gefährlich« attraktiv wirkst. Ebenfalls kontraproduktiv ist es, den betroffenen Frauen glaubhaft zu versichern, wie uninteressant und wenig anziehend du ihren Mann findest. De facto kannst du gar nichts tun, denn du kannst diesen Frauen ihre Ängste nicht nehmen. Es hilft nichts, wenn du dich jetzt auch noch schämst und versuchst, dich klein zu machen. Das wird dich nur dein eigenes Selbstwertgefühl kosten. Manche solcher Trennungen von Paar-Freundschaften musst du vielleicht als Folge der eigenen Trennung einfach akzeptieren. Und die Frage ist erlaubt, ob diese Freundschaften nicht bereits vorher auf tönernen Füßen standen – eine wirkliche Vertrauensbasis scheint es offenbar nicht gegeben zu haben. Schmerzhaft, aber wahr.

Konzentriere dich stattdessen lieber auf jene Freunde, für die du auch nach der Trennung immer noch die gleiche bist. Menschen, die sich aufrichtig für dich und dein Leben interessieren und für die dein Single-Sein überhaupt nicht im Vordergrund steht. Genau, wie ein Rollifahrer nicht die ganze Zeit als »der Behinderte« gesehen werden möchte, sondern als der individuelle Mensch, der er ist, hat auch ein Single keine Lust, von Paaren permanent als »der Alleinstehende« adressiert zu werden. Du bist und bleibst: du!

FREUNDSCHAFTEN FÜRS LEBEN

Als mir mit 14 von heute auf morgen die beste Freundin abhandenkam wegen ihrer ersten Beziehung, war ich tief erschüttert. Ein wohlmeinender Erwachsener versuchte mich zu trösten mit den Worten: »So ist das eben. Gegen die Liebe hat die Freundschaft keine Chance.«

FREUNDE, DIE BLEIBEN

Heute, über 30 Jahre später, sehe ich, dass seine Worte sowohl wahr als auch falsch waren. Sicher, ich erlebte im Laufe der Jahre noch häufiger, dass Frauen und Männer ihre Freundinnen und Freunde fallen ließen, nachdem der/die vermeintliche »Richtige« aufgetaucht war. Andererseits aber: Im Leben aller Menschen, mit denen ich jetzt seit über 20 oder gar 30 Jahren befreundet bin, hat es Abschiede von Partnerschaften gegeben – aber unsere Freundschaft besteht bis heute. Sie war robuster und widerstandsfähiger als die Liebesbeziehungen.

Noch in der Generation unserer Eltern glaubte man, Freundschaften seien eher nur in der Jugend wichtig, später erfülle dann ja der/die Ehepartner/in alle diese Bedürfnisse. Heute schlagen alle Paartherapeut/innen die Hände über dem Kopf zusammen, wenn sie auf solche Ansichten treffen. Es ist zweifelsfrei erwiesen, dass Paare, die sich als symbiotisches System abschotten und keine eigenen, getrennten Freundschaften mehr pflegen, die unzufriedeneren sind.

De facto kannst du wenig dagegen tun, wenn Freundinnen oder Freunde dich wegen einer neuen Beziehung »verlassen«. Du kannst die Kränkung nur möglichst gut für dich verarbeiten und dir deine Trauer, Hilflosigkeit und Wut eingestehen.

Was du aber tun kannst, ist, dich auf jene Freundinnen und Freunde zu konzentrieren, die trotzdem bleiben. Diese Freundschaften können für euch beide zu einem zuverlässigen Anker im Leben werden, der euch quer durch alle Stürme des Lebens hindurch Halt und Sicherheit gibt.

Als Single, aber auch als Mensch in Beziehung, sind diese »Reisegefährt/innen« durchs Leben unendlich wichtig.

Dabei ist es überhaupt nicht nötig, die Freund/innen und die Liebesbeziehung gegeneinander auszuspielen. Im Gegenteil ergänzen sie sich im gesunden Falle prächtig.

UMGANG MIT UNGLEICHGEWICHT

Dennoch führt es immer wieder zu Problemen, dass die Freundschaft zwischen einem Single und einem Beziehungsmensch sich für den Single gelegentlich asymmetrisch anfühlt: Singles haben manchmal das Gefühl, ihre Freund/innen viel mehr zu brauchen als umgekehrt. Denn während die verpartnerten Freund/innen ständig jemanden um sich haben, von dem sie sich eher mal »loseisen« müssen, um Freunde zu treffen, ist der Single auf Freunde angewiesen, um nicht in Einsamkeit zu versacken. Das kann sich frustrierend anfühlen.

Was hilft, um mit diesem Ungleichgewicht besser klarzukommen?

Kontakte zu anderen Singles

★ Sie sind in der gleichen Situation und verstehen deine Lage genau.

Qualität statt Quantität

★ Vielleicht kann sich deine verheiratete Freundin als mehrfache Mutter nicht mehr so häufig mit dir treffen wie früher. Dennoch können eure (dann eben selteneren) Treffen ihre Intensität und Tiefe bewahren. Solange euer Austausch ganz offen und persönlich bleibt, übersteht er auch Phasen mit längeren Zwischenräumen.

Geduld

★ Auch in langjährigen Freundschaften passiert es, dass der ein oder andere für viele Monate »abtaucht«, weil sein Leben gerade so stürmisch und fordernd ist. Dann ist es gut, wenn du dich zwar immer wieder mal meldest, aber nicht zu viel Druck machst. Hab Vertrauen, wirklich gute Freunde gehen nicht so schnell verloren.

Feste Gruppen

★ Hier hast du regelmäßig nette Menschen um dich, ohne extra jemanden anrufen zu müssen.

Alltagsnetzwerke

★ Es ist gut, außer den wenigen »Herzensfreunden« auch noch viele gute Bekannte zu haben, mit denen du gerne einmal plauderst.

DEIN TRAGFÄHIGES FREUNDSCHAFTS-NETZWERK

Praxistipps

Die beste Freundin/der beste Kumpel wohnt gerade 700 Kilometer weit weg? Tja, so jemand ist schwer zu ersetzen. Als Single ist das ein herber Verlust. Aber statt nun krampfhaft zu versuchen, diesen einzigartigen Menschen zu ersetzen, kannst du vielleicht auch hier lieber auf »Networking« bauen.
Statt »einem für alles« kannst du mehrere nette Menschen für kleine Bereiche finden!

Die Ausgeh-Begleitung

★ Du brauchst als Single jemanden, der gerne regelmäßig mit dir abends ausgeht und die Korken knallen lässt. Hier sind nicht tiefschürfende Gespräche gefragt oder intellektuelle Höhenflüge, sondern jemand, mit dem du lachen und Spaß haben kannst. Jemand, der gerne feiert, tanzt und flirtet. Auch eine kleine Clique kann hier Gold wert sein.

Der »Sportsfreund«

★ Jemand, der bzw. die dein liebstes Hobby teilt und gerne mit dir zusammen praktiziert. Ihr geht zusammen zum Yoga-Kurs, fachsimpelt über Faltboote, sitzt beim Angeln stundenlang nebeneinander im Regen oder freut euch über einen gemeinsam errungenen Sieg beim Beach-Volleyball. Wenn du Sport in einer festen Gruppe oder Mannschaft betreibst, hast du vielleicht gleich einen ganzen Schwung »Sportsfreunde«. Prima!

Die Lieblingskollegin

★ Jemand, mit dem du richtig gerne zusammenarbeitest und dich mit Begeisterung über fachliche Themen austauschen kannst. Ihr zieht inhaltlich »an einem Strang«, steht euch gegenseitig bei Konflikten im Team bei und fahrt vielleicht sogar zusammen zu Tagungen und Fortbildungen. Ihr habt viele gemeinsame Gesprächsthemen und entwickelt euch fachlich zusammen weiter.

»Manchmal werden ganz gewöhnliche Dinge ganz außergewöhnlich, einfach, weil man sie mit den richtigen Leuten macht.«

Elizabeth Green

Die Alltags-Allianz

★ Sei es eine Mitbewohnerin, ein netter Nachbar oder einfach eine Freundin, die um die Ecke wohnt: jemand, mit dem du dich unkompliziert über Alltagsbegebenheiten austauschst. Ihr steht im Treppenhaus und quatscht über die nervige Verlegung der Bushaltestelle, trinkt einen Kaffee im Hof zusammen, übernehmt wechselseitig die Schlüssel für den Heizungsableser. Und vertraut euch vielleicht nach einer Weile auch Persönlicheres an. Das tut gut!

Der Beziehungsberater

★ Als Single brauchst du auch jemanden, mit dem du die neuesten Flirts durchsprechen kannst, ohne dass derjenige dich wie einen albernen Teenager behandelt. Jemand, der solche Geschichten gerne teilt und mit Begeisterung analysiert! Jemand, der gerne über Sex spricht und sich leidenschaftlich mit dir solidarisiert, wenn der neueste Beziehungsversuch den Bach runtergeht – oder aber auch, wenn es sich gerade richtig vielversprechend anfühlt!

Die Kulturhungrige

★ Damit du dich nicht immer alleine aufraffen musst, ins Museum, Konzert, Theater oder Kino zu gehen, ist es toll, wenn man da eine kulturhungrige Freundin in petto hat, die nicht nur gerne mitkommt, sondern dich auch selbst öfter mitschleppt. Dafür ist es hilfreich, wenn die Person einen ähnlichen Geschmack hat wie du. Denn als AC/DC-Fan ständig in die Oper geschleppt zu werden oder als Goethe-Spezialistin zu Poetry-Slams ist vielleicht auf Dauer eher ermüdend!

Die Elternfreundschaft (falls du Kinder hast)

★ Gerade für alleinerziehende Singles ist es sehr wichtig, dass sie in ihrem Umfeld noch andere Eltern haben. Manchmal verbringt man einfach gemeinsam entspannte Zeit mit den Kindern auf dem Spielplatz, im Park oder bei einem von euch zu Hause. Die Kinder vergnügen sich miteinander und die Erwachsenen quatschen. Eine kolossal wichtige Abwechslung zu der vielen Zeit, die Single-Eltern sonst alleine mit ihren Kindern verbringen – und die ganz schön anstrengend werden kann.

REISEN ALS SINGLE

Das Alleine-Verreisen ist für manche zunächst eine Hürde. Sie fürchten sich, entweder überfordert und ausgeraubt auf irgendeiner Botschaft zu stranden oder einsam unter Paaren zu vermüden – natürlich beides keine sehr erholsame Vorstellung. Allerdings auch nicht sehr wahrscheinlich!
Keine Sorge, das Alleinereisen ist inzwischen vielfach erprobt – auch von Frauen. Gerade Singles berichten, dass sie viel schneller Anschluss an Mitreisende, Land und Leute finden, als wenn sie als Paar unterwegs sind.

Bestimmte Formen des Reisens haben sich für Singles besonders bewährt:

Individualreisen entlang der »Traveler-Routen«

★ Ob Thailand oder Australien, Tansania oder Irland: Wenn du dich an die in Reiseführern wie »Lonley Planet« oder »Reise Knowhow« beschriebenen Routen hältst, findest du immer Anschluss an traditionelle Traveler-Treffs. Das sind bestimmte Hostels, Cafés oder Bars, in denen sich Reisende aus aller Welt treffen, Tipps austauschen und sich gegenseitig weiterhelfen. Sehr oft bilden sich hier kleine Gemeinschaften für die Weiterreise.

Fachtagungen, Kongresse und Workshops (auch gerne im Ausland)

★ Wenn du deinen Job einigermaßen liebst, wirst du deine Freude daran haben, für ein paar Tage mit Gleichgesinnten in die Welt eurer Fachthemen einzutauchen. Du wirst spannende Diskussionen erleben, inspirierende Vorträge hören und spätestens am Abend beim gemeinsamen »Absacker« garantiert neue Kontakte knüpfen.

Aktiv-Gruppenreisen

★ Als Single ist es besonders wichtig, dass dir der Urlaub anregende Beschäftigungsmöglichkeiten bietet. Wandern, surfen, paddeln, radfahren, Yoga, was auch immer: Gruppenreisen mit sportlicher Note sind ideal. Die gibt es für jedes Alter und auf allen Trainingsniveaus, von Bewegungsmuffel bis Fitnessprofi. Solche Gruppen bestehen meist aus Paaren *und*

Singles, und genau dieser entspannte Mix wird von vielen Alleinreisenden geschätzt.

Große Campingareale

★ Wenn du über ein eher kleines Urlaubsbudget verfügst und es gerne naturnah hast, ist Zelten ideal, um schnell Kontakte zu knüpfen. Allerdings eignet sich nicht jeder Platz. Solche mit einem hohen Anteil an Dauercampern sind schlecht, weil diese fast nur von älteren Ehepaaren und Familien mit Kindern bewohnt werden, die am liebsten unter sich bleiben. Wichtig ist, dass es auf dem Platz einen Ort gibt, wo man sich abends zum »Socialising« trifft – eine Bar, ein Lagerfeuer, eine Konzertbühne, was auch immer. Denn dort lernt man sich am leichtesten kennen.

Festivals, Conventions, Kultur-Events

★ Die einen fahren zu Klassik-Festivals nach Hitzacker oder Mailand, die anderen zu Bikertreffen nach Kalifornien oder Surf-Conventions auf Fehmarn – und wieder andere reisen zu Yoga- und Kreativ-Treffen nach Kreta oder Schweden: Was immer dich interessiert, mit Gleichgesinnten wirst du eine tolle Zeit haben! Der Vorteil solcher Events ist, dass es einen guten Grund gibt, sich dort aufzuhalten, der über das Knüpfen möglicher neuer Kontakte hinausgeht. Du lässt dich inspirieren und entwickelst dich weiter. Du tauchst in eine Atmosphäre ein, in der der »Familienstand« zunächst völlig unerheblich ist – und wirst doch nach einiger Zeit »wie zufällig« den Leuten begegnen, mit denen du Lust hast, mehr Zeit zu verbringen.

Finger weg von »Single-Reisen«! Mehr dazu im Kapitel »Ganz unten« (Seite 80)!
Ebenfalls eher wenig bewährt für Singles haben sich Pauschalreisen. Abends im Speisesaal alleine zwischen Familien und Pärchen zu sitzen kann öde sein, und auch die Zwangs-Vergemeinschaftung mit dem einzigen anderen Alleinreisenden im ganzen Hotel muss nicht unbedingt zur Freude gereichen. In Pauschalreisenden-Hotels Anschluss zu finden ist selbst für hartgesottene Singles schwer. Falls du doch einmal in einem solchen stranden solltest, ist unbedingt der Besuch der Hotelbar zu empfehlen!

STABIL SEIN UND DOCH BEWEGLICH BLEIBEN

Den glücklichen Singles gelingt eine Art Zen-buddhistisches Kunststück: Einerseits ruhen sie in ihrem Leben. Sie sind in ihrer Mitte angelangt. Und gleichzeitig rechnen sie immer mit allem. Sie halten Veränderungen für möglich, ja wünschenswert: Weiterentwicklungen, (vorübergehende) Instabilitäten, neue Gefährt/innen.

SCHÖN LOCKER BLEIBEN!

Obwohl die Singles den Paaren ja gerne das Erstarren in Ritualen und zunehmende Inflexibilität vorwerfen, sind sie genau dagegen selbst nicht gefeit. Auch Singles, die älter werden, neigen zu Verschrobenheiten und Fixierungen. Die Butter darf nur von einer Seite aus angekratzt werden, die Heizung steht nachts auf 3, Samstagmorgen um punkt 10:00 Uhr wird die Lieblingssendung im Radio eingeschaltet. Was aber, wenn der neue Liebhaber wohlgelaunt einen Smiley oben in die Butter ritzt, nachts das Fenster aufreißt und dich um fünf vor zehn wieder heißhungrig ins Bett zerren möchte?! Kannst du das überhaupt noch genießen? Oder kämpfst du dann schon mit Herzrasen und Fluchtimpulsen?!
Erstarrung ist ein schlimmes Gift. Wenn wir nicht mehr in der Lage sind, uns mit dem natürlichen Fluss des Lebens mitzubewegen, fangen wir an, innerlich abzusterben. Wenn wir neue Inspirationen nicht mehr als »frischen Wind« in unser Leben hineinlassen können, sondern hektisch die Fenster verrammeln, damit auch ja kein Blatt Papier im Luftzug seinen Platz verlässt, dann fangen wir wirklich an, zu vereinsamen. Und zwar sowohl innerlich wie äußerlich.
Sicherlich, Stabilität ist wichtig. Wir möchten uns in unserem Leben geborgen fühlen, und dazu tragen feste Gewohnheiten und liebgewonnene Rituale fraglos bei. Die vertraute Stimme der Lieblingssprecherin im Radio am Samstagmorgen macht gute Laune – und es ist auch ganz praktisch, schon zu wissen, welche Art von Ernährung einem schmeckt und guttut.
Schwierig wird es da, wo der »Verhandlungsspielraum« über solche Gewohnheiten schon dermaßen geschrumpft ist, dass neue Menschen eigentlich überhaupt

*»Wenn der Wind der Veränderung weht,
bauen die einen Mauern
und die anderen Windmühlen.«*

Chinesisches Sprichwort

keinen Platz mehr in unserem Leben finden können. Weil das Ritual »an sich« schon wichtiger geworden ist als seine eigentliche Funktion. Mal ehrlich, wozu brauche ich denn die Stimme der Radiosprecherin, wenn mir der Liebhaber stattdessen Zärtlichkeiten ins Ohr flüstert? Und kann es nicht auch mal ganz spannend sein, veganes Kochen zu lernen von der neuen Mitbewohnerin? Das Schnitzel kann ich dann ja später alleine essen!

Sehr hilfreich, um flexibel zu bleiben, ist die Fähigkeit, neue Inspirationen als *zusätzliche Alternativen* zu sehen, und nicht etwa als bedrohliche Gegensätze. Es zwingt dich ja gar niemand, das jetzt *immer* so zu machen. Aber ein neuer Mensch in deinem Leben freut sich sicherlich, wenn du es zumindest einmal ausprobierst. Tatsächlich habe ich auf diese Art vor einigen Jahren das vegane Kochen erlernt. Ich praktiziere es nur gelegentlich, aber es hat mir wertvolle Impulse gegeben und mein Wissen über Zubereitungsarten und Zutaten diverser Gerichte enorm erweitert. Prima, oder?

WER IN SICH RUHT, KANN MEHR AUSPROBIEREN

Die Fähigkeit, sich durch Impulse von außen »bewegen« zu lassen, ist eng verknüpft mit unserem Gefühl für Sicherheit im eigenen Leben. Wer sich in seiner Mitte fühlt, der fühlt sich weniger schnell durch Neues bedroht. Wer aber ängstlich an seinen Gewohnheiten klammert, fürchtet sich im Grunde, ohne diese gleich seine ganze Identität zu verlieren.

Es ist gut, immer schön »im Training« zu bleiben, was die eigene innere Beweglichkeit angeht. Lad dir Besuch ein! Heiße auch Kinder willkommen in deiner Wohnung! Verreise regelmäßig! Das alles übt deine Toleranzfähigkeit und Stabilität.

VORSICHT VOR DER »SINGLE-PFINGST-DEPRESSION«!

Ostern, Pfingsten, Himmelfahrt: Vor allem für frisch gebackene Singles können diese langen Wochenenden SEHR lang werden – und sich gelegentlich auch zu Höllentrips von Einsamkeit auswachsen. Während langjährige Singles hier meist schon in routinierter Erfahrung sorgfältig vorausplanen, fällt so mancher Neu-Single erst mal so richtig ins Loch. Das ist vorprogrammiert, wenn dir erst am Gründonnerstagabend nach Dienstschluss dämmert, dass du ja noch gar keine Verabredung für die nächsten Tage getroffen hast. Kurz überschlägst du: Deine Eltern sind im Urlaub, deine Geschwister ebenfalls. Deine beste Freundin hat gerade ein Baby bekommen und ist abgetaucht. Du telefonierst hektisch deine anderen Freundinnen und Freunde durch und stellst fest: Alle sind bereits entweder komplett von ihren Familien absorbiert oder anderweitig verplant. Und du?!

Aufgepasst: Damit die Lage nicht weiter eskaliert, gibt es einige Dinge, von denen du jetzt unbedingt die Finger lassen solltest:

BLOSS NICHT!

»—→ Kinderkino: Du besuchst eine Nachmittagsvorstellung im Kino. Eingekeilt zwischen 300 überdrehten Kindern, die mit Gummibärchentüten rascheln, mit Popcorn um sich werfen und ihre Eltern vollquengeln, wirst du diese Entscheidung schon bitter bereuen, bevor der Hauptfilm überhaupt begonnen hat.

»—→ Pärchenurlaub: Du besuchst zwei befreundete Paare in einem Ferienhaus in Dänemark. Es mögen die liebsten Menschen der Welt sein – aber mit zwei Paaren allein abends am Kamin zu sitzen, quetscht jedes Single-Herz platt.

»—→ Thermalbad-Terror: Du verbringst den Tag in einer ländlichen Entspannungs-Therme. Vor dir schwimmen die Schmidts. Neben dir liegen die Meyers. Hinter dir ölen sich die Schröders gegenseitig ein. Und in der Sauna unterhalten sich alle miteinander. Und du? Du wünschst dich ganz weit weg. Irgendwohin, wo du dich mal so richtig entspannen kannst.

»——› Jahrmarkt-Jammer: Du besuchst alleine einen Vergnügungspark (Kirmes, Weihnachtsmarkt etc.). Aufgekratzte Jugendliche, lachende Familien, knutschende Pärchen, saufende Kegelclubs … Hier wird sich scheinbar jeder amüsieren – außer dir.

»——› Fernseh-Overkill: Vier Tage vor dem Fernseher hocken. Hinterher fühlst du dich, als hätte dir jemand ein Holzscheit über den Kopf gezogen. Du erinnerst dich nur nicht, wann. Aber du erinnerst dich auch ansonsten an überhaupt nichts von diesem Wochenende. Du weißt nur: Jetzt fühlst du dich so richtig urlaubsreif.

GUTE PLANUNG MACHT'S LEICHTER

Um solcher emotionalen Verelendung vorzubeugen, solltest du dich auf jeden Fall *früher* darum bemühen, dein langes Wochenende zu planen und nicht erst am Vorabend!
Falls du nicht selbst verreisen möchtest, versuch auf jeden Fall, mindestens eine Verabredung pro freiem Tag zu treffen, mit Freund/innen, Familienmitgliedern, lieben Nachbarn oder wem auch immer. Gerade für Teilzeit-Eltern können sich »kindfreie« lange Wochenenden zunächst schwierig anfühlen, da sie sonst durch die Kinder immer beschäftigt sind und der kurze Wechsel zum Allein-Leben sie die ersten Male »eiskalt erwischt«. Jetzt ist die Wohnung öd und leer, sie müssen sich selbst beschäftigen. Viele Tage am Stück alleine. Das sind sie nicht gewohnt.
Aber keine Sorge, solche »Startschwierigkeiten« im Single-Leben erlebt fast jeder und jede. Beim nächsten Mal machst du es besser.

Dein nächstes Pfingsten wird ein Fest deiner Freiheit!

Zum Beispiel mit den Praxistipps auf der folgenden Seite.

TIPPS FÜR DEIN LANGES SINGLE-WOCHENENDE

1

Nightfever

Verabrede dich abends zum Tanzengehen! Mit einer Freundin, deinen Kumpels, deinen Kolleg/innen, wem auch immer! Lasst die Korken knallen, tanzt bis in die Morgenstunden! Dann schleichst du müde, aber glücklich ins Bett und schläfst am nächsten Tag gemütlich bis mittags. Den Rest des Tages bist du komplett tiefenentspannt.

2

Lesemarathon

Leih dir in der Bibliothek oder von Freunden eine mehrbändige Fantasy-Saga aus, die du schon immer mal lesen wolltest (»Harry Potter«, »Herr der Ringe«, »Die Chroniken von Narnia« etc. …), und mach es dir damit auf dem Sofa, dem Balkon, im Bett gemütlich. Keiner stört dich! Herrlich!

3

Kulturelle Abenteuer

Such dir eine spannende Veranstaltung aus, bei der man auch mit anderen Menschen ins Gespräch kommt. Also eher kein Klassik-Konzert oder ein Museum, in dem man nur schweigend herumschleicht. Sondern ein Rockkonzert, eine Lesung mit anschließendem Umtrunk, eine Ausstellungseröffnung oder jede Art von interaktiver Theater-Aktion, bei der die Anwesenden zusammen etwas machen sollen. Selbst wenn du die Kunst, die du erlebst, ziemlich seltsam findest, wirst du Spaß haben!

4

Freunde besuchen

Pack deine Tasche, setz dich in den Zug oder ins Auto und fahr einen lieben Menschen besuchen, der nicht mehr in deiner Nähe wohnt. Selbst wenn du nur eine Nacht bleibst: Solche gemeinsam verbrachten Tage sind unvergesslich. Ihr könnt dort in der Küche sitzen und quatschen, du kannst mit den Kindern spielen, beim Hundefüttern helfen oder ihr könnt sogar eine Party zusammen feiern. Jedenfalls fährst du erfüllt zurück und hast eure Freundschaft belebt.

5

Bewegung

Setz dich aufs Rad, steig ins Kanu, geh ins Schwimmbad, ins Fitnessstudio oder wandern: Bewegung tut gut. Du kommst raus aus der Bude und somit auf andere Gedanken. Außerdem tust du deinem Körper was Gutes, powerst dich aus und tankst neue Energie.

6

Kreativzeit

Ein langes Wochenende ist perfekt, um mal so richtig ins kreative Tun abzutauchen. Du kannst ein Möbelstück aufarbeiten, endlich mal wieder Gitarre üben, Fotos machen und die Bilder hinterher am PC bearbeiten, eine Tasche nähen, einen Kuchen backen … Es geht nicht darum, gleich eine Oper zu komponieren! Perfektionismus ist hier fehl am Platze. Du willst einfach eine gute Zeit haben mit erfüllendem Tun. Und hinterher bist du stolz auf dich!

Kapitel 3

Dating, Sex und Amouröses
Jetzt ist die beste Zeit für neue Erfahrungen!

In diesem Kapitel erfährst du:

Welche bunten Möglichkeiten dir offenstehen:
Solo-Sex, spontane Begegnungen, Langzeitaffären
und alternative Spielwiesen

Was in erotischer Hinsicht die fiesesten Fallen für
Singles sind und wie man sie umgeht

Wie du dir dein Herz für neue
Begegnungen offenhältst
und die Pralinenschachtel
des Lebens genießt

DAS LIEBESLEBEN DER SINGLES

Ohne feste Partnerschaft zu leben bedeutet heutzutage nicht zwangsläufig, auf Intimität und Sex zu verzichten. Im Gegenteil haben viele Menschen, die sich als Singles bezeichnen, de facto sogar mehr Sex als langjährig gebundene Paare. Die Singles müssen sich jedoch mit ein wenig Elan und Einfallsreichtum darum bemühen, ihr Intimleben nicht zu verlieren. (Aber das müssen Paare ja auch!) So gilt es einerseits immer wieder, sich mit wachem Blick umzuschauen und auch Mut zu fassen, gelegentlich etwas Neues auszuprobieren, das die eigenen Möglichkeiten erweitert. Und andererseits ist eine gewisse Gelassenheit empfehlenswert, mit der auch »Dürreperioden« einigermaßen schadlos überstanden werden können, ohne in zwanghaften Partnersuch-Aktionismus zu verfallen.

WIE WICHTIG IST DIR SEX?

1) Wie häufig masturbierst du?
a) Wenn nichts SEHR Wichtiges dazwischenkommt, täglich.
b) Je nach Bedarf.
c) Masturbation? Was ist das denn?!

2) Wie lange hältst du es ohne Sex aus?
a) Nach spätestens vier Wochen werde ich zappelig.
b) Nach ca. drei Monaten beginne ich, die Tapete von den Wänden zu kratzen.
c) Sollte mir was fehlen?! Nie gemerkt!

3) Wohin schaust du bei einem Mann / einer Frau zuerst?
a) Auf seinen / ihren Mund
b) In seine / ihre Augen
c) Auf das spannende Buch in seiner / ihrer Hand

4) Du hast dich verknallt. Als ihr das erste Mal zusammen in der Kiste landet, stellst du jedoch fest, dass sich das überhaupt nicht gut anfühlt. Wie reagierst du?

a) Ich schleiche bedrückt nach Hause und schreibe dem- / derjenigen sofort einen seelenvollen Abschiedsbrief, in dem ich behaupte, ich fühlte mich noch nicht bereit für eine neue Beziehung.

b) Ich denke, das wird sich schon noch geben, wenn wir uns wirklich lieben.

c) Darüber mach ich mir keinen Kopf. Gibt ja Wichtigeres in einer Beziehung!

5) Wie oft denkst du im Laufe eines Tages an Sex?

a) Die Frage ist: Wie oft denke ich mal NICHT an Sex?!

b) Kommt ganz drauf an, welcher Kollege / welche Kollegin Dienst hat.

c) Ich bin viel zu beschäftigt für derlei Dinge.

6) Eine gute Fee stellt dir drei Dinge zur Auswahl: Wofür entscheidest du dich?

a) Eine heiße Nacht mit einem/einer begnadeten Liebhaber/in.

b) Ein sechsgängiges Gourmet-Dinner mit deiner besten Freundin.

c) Eine Eintrittskarte für die Mailänder Scala inclusive Flug und Hotel für dich.

Auswertung

Überwiegend a):
Dir ist Sex so wichtig wie Essen und Schlaf. Es ist ein Lebenselixier, auf das du keinesfalls verzichten kannst – und willst. Deshalb tust du gut daran, dein Sexleben auch als Single immer gut im Blick zu behalten und aktiv dafür zu sorgen, dass es am Laufen bleibt.

Überwiegend b):
Sex ist dir willkommen, aber du fühlst dich nicht abhängig davon. Wenn mal nichts läuft, bleibst du auch ganz entspannt. Du nimmst eine einladende Haltung ein, ohne die Dinge übermäßig beschleunigen zu müssen. Das gibt dir die nötige Gelassenheit, alles auf dich zukommen zu lassen.

Überwiegend c):
Dein Seelenheil ist komplett unabhängig von Sex. Für dich stehen andere Dinge im Vordergrund, du wünschst dir intellektuellen Austausch und gute Kameradschaft. Aber vielleicht kannst auch du von Zeit zu Zeit ein wenig Sinnlichkeit und Erotik einlassen in dein Leben. Das gibt dem Alltag Farbe und Schwung!

LIEBE MACHEN – MIT MIR SELBST

Eigentlich ist Masturbation die wunderbarste (nebenwirkungsfreie!) Glücksdroge, die überhaupt existiert. Sie macht dich unabhängig von der Tatsache, ob du gerade eine/n Sexpartner/in hast, du kannst dabei die herrlichsten Fantasien deiner Wahl haben, schüttest eine Vielzahl glücklich machender Hormone aus und bist hinterher so tiefenentspannt wie so mancher nicht nach 60 Minuten Yogatraining.

Trotzdem hat die Liebe mit sich selbst bei vielen einen schlechten Ruf. Zwar haben die meisten heutzutage kein schlechtes Gewissen mehr dabei, denn der Makel der angeblichen moralischen oder gar körperlichen Gefährlichkeit von Masturbation ist zweifelsfrei widerlegt.

Dennoch stempeln viele sie als »billigen Ersatz« ab, dessen man sich vor sich selbst ein wenig schämt. »Dass ich das überhaupt nötig habe, zu masturbieren …«, hadern viele mit sich und klagen: »Warum kann ich nicht lieber *wirklichen* Sex mit jemand anderem haben?«

Diese Abwertung des Solo-Sexes scheint mir ungerecht: Denn er ist ebenso »wirklich« – und hat fast ebenso positive Auswirkungen auf Körper, Seele und Geist wie Sex zu zweit. Sicher, die Dimension der Intimität fehlt. »Küssen kann man nicht alleine«, sang schon Max Raabe. Aber kuscheln schon – und einen tollen Orgasmus haben erst recht.

Genieß dich selbst!

So kommt es wohl in erster Linie darauf an, mit welcher inneren Haltung wir den Liebesakt mit uns selbst vollziehen. Ob wir uns selbst genießen und wertschätzen, die Freude am eigenen Körper bis in die letzte Zelle spüren, glücklich und dankbar sein können für einen intensiven Orgasmus, den wir uns selbst geschenkt haben. Oder ob wir Masturbation als mechanischen Akt hinter uns bringen, als notwendige, aber ungeliebte Pflichtübung und »Ersatzhandlung«. Mit einer solchen Einstellung lässt sich jeder Sex ruinieren – auch der mit dir selbst!

Stattdessen empfiehlt es sich, auch beim Solo-Sex für Abwechslung zu sorgen.

»Sag nichts gegen Masturbation! Es ist Sex mit jemandem, den ich wirklich liebe!«

Woody Allen

MACH ES DIR SCHÖN!

Fantasien

★ Du kannst deiner kleinen »inneren Sammlung« von Lieblingsfantasien immer mal was Neues hinzufügen. Dafür ist es gut, wenn du wach bleibst für erotische Impulse, die du den Tag über empfängst. Das Dekolleté einer schönen Frau in der U-Bahn. Das Lächeln eines verwegenen jungen Straßenmusikers. Ein knutschendes Pärchen im Park. Lauf wach durch die Welt, und du kannst dich überall erotisch inspirieren lassen! Winzig kleine Dinge lassen sich dann in deiner Fantasie zu wunderbaren Geschichten ausspinnen. Zudem kannst du natürlich erotische Literatur sichten oder dich auf die Suche nach Bildern machen, die dein »Kopfkino« anregen.

Masturbationstechniken

★ Auch hier wirst du feststellen, dass schon kleine Variationen einen großen Unterschied im Empfinden auslösen können. Hast du schon einmal probiert, die andere Hand zu benutzen? Zusätzlich andere Körperregionen zu stimulieren? (die Brustwarzen, die Lippen, Bauch oder Oberschenkel ...). Manche setzen auch »Toys« oder andere Hilfsmittel ein. Vom klassischen Vibrator bis zur Handbrause der Dusche ist hier vieles im Einsatz. Viel Spaß beim Ausprobieren!

Orte

★ Auch beim Sex mit dir selbst kannst du verschiedene Umgebungen austesten. Es muss nicht immer dein heimisches Bett (kurz vor dem Einschlafen) sein. Auch das Sofa, der flauschige Teppich und die Badewanne oder Dusche können einladend sein. Manche sollen auch schon auf ihrem Schreibtischstuhl toll gekommen sein!

Behandele deinen Körper mit Liebe, Respekt und Begehren – genau so, wie du ihn auch von einem anderen Menschen behandelt wissen möchtest. Hinzu kommt, dass eine genaue Kenntnis deines Körpers und seiner lustempfänglichen Bereiche und Vorlieben dir auch beim Sex zu zweit zugutekommt. Wer sich selbst gut kennt, kann besser für sich sorgen – das macht jeden Sex leichter und befriedigender.

SEX GENIESSEN IM HIER UND JETZT

Bei Singles beliebte Orte, um erotische Kontakte zu knüpfen, sind Tanzveranstaltungen (zum Beispiel Tango), Partys, Stammkneipen, Lesungen, Rockkonzerte, Bars, Clubs oder natürlich Kontaktplattformen im Internet.

Hier macht es Sinn, einerseits immer mal neue Möglichkeiten auszuprobieren und andererseits die eigenen Grenzen zu respektieren. Manchmal geht es auch darum, die eigenen moralischen Bedenken zu hinterfragen. Schadest du denn irgendwem, wenn du dich für eine Nacht mit einem Studenten amüsierst, den du gerade in deiner Lieblingskneipe kennengelernt hast? Oder tut euch dieses Abenteuer einfach beiden gut?
Schon in der Dichtung der Antike können wir lesen, dass es in Bezug auf die körperliche Liebe kein absolutes »gut« oder »schlecht« gibt. So steht in Platons Gastmahl: »Auf gute Weise getan, ist es gut. Auf schlechte Weise ist es schlecht.«

AUF DAS WIE KOMMT ES AN!

STEHEN DIE ZEICHEN GUT?

Wenn du dich auf spontanen Sex mit einem neuen Partner einlässt, solltest du also zunächst einmal sorgfältig »hinspüren«, ob die Zeichen darauf hindeuten, dass *dies* eine *gute* erotische Begegnung werden könnte!

»——› Bist du schon vom bloßen Sprechen mit der Person »angeturnt«? Gibt sie dir ein gutes Gefühl? Fühlst du dich locker, leicht und in bester Flirtlaune? Lacht ihr viel?

»——› Wie fühlt sich beiläufiger Körperkontakt an? Elektrisiert er dich? Macht er Lust auf mehr? Ergibt er sich ganz natürlich?

»——› Fühlst du dich sicher mit dem / der anderen, findest du ihn / sie vertrauenswürdig?

»——› Ist der Kontakt unbelastet, also könnt ihr euch evtl. auch morgen früh noch entspannt in die Augen schauen? (Trifft zum Beispiel *nicht* zu auf deinen

Chef, den erwachsenen Sohn deiner besten Freundin, die Lehrerin deiner Tochter oder deine verheiratete Nachbarin! Pfoten weg!)

Wenn alle Zeichen in die richtige Richtung weisen, kannst du es zunächst einmal mit Knutschen versuchen. Dies solltest du unbedingt und in jedem Falle ausprobieren, BEVOR du dich auf den Weg begibst, die Nacht mit dieser charmanten Person zu verbringen. Erst, wenn ihr euch geküsst habt, wirst du wissen, ob sich das wirklich vielversprechend anfühlt. Und wenn nicht, schenk ihm oder ihr dein strahlendstes Lächeln und – verabschiede dich fröhlich!

DER KÖRPER LÜGT NICHT

Lass dich niemals auf eine halbherzige Begegnung ein, nur, weil du dringend mal wieder Sex brauchst, weil es jetzt so geplant war, weil du den anderen nicht enttäuschen möchtest oder was auch immer. So was geht ins Auge. Denn das mögen zwar für deinen Kopf gute Argumente sein, aber deinem Körper sind diese Argumente egal. Dein Körper spürt echtes Begehren – oder eben nicht. Er lässt sich nicht belügen! Halbherzige Begegnungen enden mit schlechtem oder gar nicht vollziehbarem Sex und oft mit einem flauen Gefühl. Spar dir das! Angenommen aber, es prickelt so richtig: Dann los!

»SPIEL ES NACH GEHÖR!«

Guten, lebendigen Sex muss man wie ein Musikstück improvisieren. Du musst ihn mit jedem neuen Partner neu *erfinden*. Lass alle Pläne los, alles, was du zu wissen glaubst über dich und andere. Spür stattdessen nur hinein in deinen Körper und in *diese* Begegnung mit *diesem* Menschen. Sei offen für das, was sich im Augenblick am allerbesten anfühlt, und folge diesem Pfad. Vielleicht fanden alle deine vorherigen Partnerinnen Oralsex toll – aber diese Frau, mit der du jetzt im Bett bist, reagiert auf etwas ganz anderes. Vielleicht dachtest du von dir selbst, du liebst nur ganz sanfte Berührungen – aber von diesem Mann genießt du plötzlich kraftvolles Angefasstwerden und starke Führung. Du kannst dich selbst ganz neu erleben in jeder neuen sexuellen Begegnung – wenn du offen dafür bist!

Genieß alles, was du tust – und tu nichts, aber auch gar nichts, was sich nicht gut anfühlt! Das bist du dir schuldig!

Ein guter REISENDER
hat keine
FESTEN PLÄNE
und ist nicht entschlossen,
anzukommen.

Laotse

LANGZEIT-AFFÄREN

Für manche Singles ist eine Langzeit-Affäre die optimale Lösung. Das bedeutet, ihr trefft euch in losen Abständen, unternehmt vielleicht etwas Nettes miteinander und hüpft anschließend in die Kiste.

FRIENDS WITH BENEFIT

Viele nennen das heute »Friends with benefit«. Man schätzt sich gegenseitig, genießt auch das sexuelle Zusammensein, hegt jedoch keine weitergehenden Bindungsabsichten.

Aber Vorsicht: Während sich Freundschaften eigentlich dadurch auszeichnen, dass sie sich stabil und zuverlässig anfühlen und einen für lange Zeit durchs Leben begleiten, ist den Freundschaften mit sexuellem »Benefit« meist nur eine begrenzte Dauer vergönnt. Sobald einer von beiden sich nämlich in jemand anderen verliebt und eine verbindliche Partnerschaft eingeht, findet die sexuelle Freundschaft keinen Platz mehr im Leben. Der Übergang zur »platonischen« Freundschaft gelingt nur selten. Das solltest du immer bedenken bei der Frage, ob du eine sexuelle Ebene in einer bestehenden oder neuen Freundschaft zulässt – sie wird fragil dadurch.

Besser geeignet sind erfahrungsgemäß solche Verbindungen, bei denen von Anfang an ein starkes sexuelles Interesse im Vordergrund steht, aber eine große Unterschiedlichkeit in der Persönlichkeit und im Lebensstil eine gelingende Partnerschaft unwahrscheinlich macht. Dann könnt ihr in Ruhe das ausleben, was euch aneinander fasziniert, und müsst euch über den Rest wenig Gedanken machen.

Maja, 37, berichtet: »In einer Bar habe ich vor einem halben Jahr Markus kennengelernt. Er ist so ein klassischer Business-Typ, die ich eigentlich ganz furchtbar finde. Schrecklich konservativ! Aber Markus ist unglaublich sexy! Wir flogen sofort aufeinander und gingen noch in derselben Nacht in seine Wohnung, wo wir extrem guten Sex hatten. Jetzt treffen wir uns in losen Abständen alle paar Wochen, gehen irgendwo schön was essen und dann zu ihm oder zu mir. Wir übernachten nicht beieinander und haben auch wenig Kontakt in den Zwischenzeiten. Aber mir tut diese Affäre richtig gut. Ich genieße den intensiven Sex mit Markus und fühle mich nach diesen Treffen so richtig schön ›aufgetankt‹!«

Schwierig wird es in einem solchen Arrangement, wenn sich einer von beiden eben doch verliebt. Obwohl man sich so fest vorgenommen hatte, es solle ohne Bindungswünsche zugehen – seine Gefühle hat kein Mensch immer im Griff. Tja, und dann kriegst du plötzlich ständig Lust, den anderen zu treffen, und sehnst dich bereits nach drei Tagen Funkstille zu Tode. Dir fällt auf, dass du noch nie gefragt hast, ob er / sie sich auch mit anderen trifft oder nur mit dir. Kurz: Du wünschst dir eben doch mehr Nähe und Verbindlichkeit.
Was nun?

DIE KARTEN AUF DEN TISCH LEGEN

Am besten ist, du sprichst es beim nächsten Treffen einfach offen an. Damit meine ich nicht, dem anderen »die Pistole auf die Brust« zu setzen und Forderungen zu stellen. Sondern eher, mutig selbst »die Karten auf den Tisch zu legen« und zu deinen Gefühlen zu stehen. Zum Beispiel zu sagen: »Du, ich habe gemerkt, dass mir der Abschied letztes Mal nicht mehr so leicht gefallen ist. Ich hab dich echt vermisst letzte Woche. Wie ging es dir?« Dann wirst du hören und spüren, wo der andere emotional steht.
Wichtig ist, dass du dich mit deinen Gefühlen nicht versteckst oder dich ihrer gar schämst. Es ist völlig in Ordnung, sich zu verlieben in einen tollen Menschen, mit dem man schönen Sex hat. Es ist allerdings ebenso ok, sich trotzdem *nicht* zu verlieben. Und wenn das bei euch der Fall sein sollte, sprich es lieber offen aus und sorge dann gut für dich. Manchmal tut dann für eine Weile etwas Abstand not. Aber das ist immer noch besser, als sich selbst zu verleugnen. Kopf hoch! Steh zu dir!

VORSICHT FALLE: LIEBE MIT GEBUNDENEN PARTNERN

Falls du einen Expresszug in Teufels Küche suchst, lass dich auf Sex mit einem verheirateten/fest gebundenen Menschen ein. Noch nie habe ich Frauen und Männer so nachhaltig ihre innere Stabilität und Selbstachtung verlieren sehen, wie in solchen Verhältnissen.

Dabei geht es mir hier keineswegs um moralische Schuldzuweisungen. Sondern allein darum, dass die alleinstehende Person in einem solchen Arrangement früher oder später so gut wie immer den Kürzeren zieht. (Und, wie man in meiner hessischen Heimat schön derb sagt: so richtig mit dem Arsch auf Grundeis geht.)

Klar, anfangs ist alles prickelnd und irre aufregend. Heimliche Begegnungen, erotische Grenzüberschreitungen, der Reiz des Verbotenen. Da riskiert jemand richtig was für dich, du bist geschmeichelt und fühlst dich irrsinnig begehrenswert. Wie Geheimagenten plant ihr eure Treffen, alles ist von einem magischen Glanz überzogen, von unwirklicher Intensität. In dieser Anfangsphase, die etwa zwei bis vier Monate dauert, ist dein Gehirn in Glückshormonen buchstäblich abgesoffen. Dir ist alles andere außer euren Begegnungen so ziemlich schnurz. Alle Gedanken an seine Frau oder ihren Mann schiebst du weit von dir, sie erreichen dich nicht wirklich.

ABSTURZ NACH DEM HÖHENFLUG

Und dann kehrt die Wirklichkeit langsam zurück – manchmal auch ganz plötzlich. Weil du zum Beispiel eine schreckliche Zahn-OP vor dir hast, dein geliebtes Fahrrad geklaut wurde, die Wohnungskündigung ins Haus flattert oder einfach, weil Weihnachten ist. Du bist aufgelöst und sehnst dich nach jemandem, der dich im Arm hält, dir über den Kopf streicht und flüstert: »Alles wird gut. Ich bin bei dir.« Aber da ist niemand. Denn dein gebundener Lover muss für seine Frau das Auto in die Werkstatt bringen, die Schwiegermutter zum Arzt fahren und für die Kinder Weihnachtsgeschenke kaufen.

Außerdem ist seine Frau gerade misstrauisch geworden: Jetzt bitte seltener treffen.

Und nicht so viele WhatsApp-Nachrichten, okay? Er möchte sich nicht unter Druck fühlen. Es soll doch schön und leicht sein mit euch!
Tja, aber was, wenn du dich gerade gar nicht mehr schön und leicht fühlst? Sondern bedürftig, schwach – und irgendwie leer?
Dann wird dir klar, dass du dich auf einen Vampir eingelassen hast. Gierig nach Lebendigkeit, vermutlich ausgetrocknet durch seine längst erotisch abgestorbene Beziehung, hat er sich auf dich gestürzt und dein frisches Blut genossen. Du hast ihn mit deiner Energie am Leben erhalten, damit er die schwierige Aufgabe, in seiner öden Ehe zu verbleiben, besser bewältigen kann.
Wenn dich bei dieser Erkenntnis ein heiliger Zorn überkommt: Bravo! Mach was draus! Befrei dich aus einer asymmetrischen, potenziell immer ausbeuterischen Beziehung. Auch wenn die Vampire oft selbst verzweifelt sind: Jemand, der deine Liebe benutzt, um eine andere Beziehung am Leben zu erhalten, tut dir nicht gut. Oder hoffst du noch, er trennt sich wegen dir?

VERGISS ES LIEBER!

Statistisch gesehen trennen sich nur weniger als ein Drittel aller Menschen wegen einer Affäre von ihrer festen Beziehung. Und wenn sie es tun, vollziehen sie die Trennung eher schnell. In allen mir privat und beruflich bekannten Fällen geschah dies nach wenigen Wochen, maximal zwei Monaten. Niemals danach! Dennoch kenne ich haarsträubende Geschichten von alleinstehenden Frauen, die ihrem verheirateten Lover über 20 Jahre lang treu waren – bis dieser dann verstarb. Ohne ihr Beisein natürlich, denn am Krankenbett saß ja die Ehefrau.
Tu dir das auf keinen Fall an! Sorg dafür, dass du einem Partner / einer Partnerin auf Augenhöhe begegnen kannst. Das ist nur möglich, wenn ihr beide frei seid. Schick den Vampir zurück in seinen Ehesarg und such dir eine Begleitung, die nicht in der Sonne zu Staub zerfällt!

ALTERNATIVE SPIELWIESEN

Falls du der Ansicht bist, körperliche Intimität gehöre für dich nur in eine Zweierbeziehung, kannst du die Lektüre dieses Kapitels getrost überspringen. Wenn nicht:

Auf ins Abenteuer!

Es gibt heute, vor allem in den großen Städten, ganz neue Möglichkeiten, in den Genuss von Kuscheln – oder auch Sex – zu kommen.

SEX- UND SWINGERCLUBS

In den letzten zehn Jahren hat sich eine Swingerclub-Kultur entwickelt, die durchaus von Erwachsenen jeden Alters, Geschlechts und Bildungsstandes lebhaft genutzt wird – und keineswegs nur von Paaren. Auch ist in einschlägigen Swingerclubs heutzutage keine umständliche »Mitgliedschaft« mehr notwendig, du kannst einfach spontan dort auftauchen. Es gilt dort grundsätzlich die Regel, dass Sex nur safe und im gegenseitigen Einvernehmen geschieht – also keine Angst! Wobei es natürlich trotzdem bei dir liegt, auch deutlich zu sagen und zu zeigen, was du mit wem möchtest und was nicht.
Im Eingangsbereich eines Swingerclubs findest du Umkleideräume, so dass du dich in deinen frivolen Fummel schmeißen kannst. Heiße Unterwäsche tut es auch, bei Männern ist ein freier Oberkörper angesagt. Drinnen gibt es dann einen Bar-Bereich, an dem man zunächst unkompliziert plaudern kann, und ein Buffet. Auf anderen Stockwerken finden sich unterschiedlichee Areale mit Pools, Saunen und Rückzugsmöglichkeiten, die sogenannten »Spielwiesen«.
Solo-Frauen zahlen meist nur sehr wenig bis gar keinen Eintritt. Mir wurde übereinstimmend berichtet, dass die Atmosphäre im Swingerclub bereits beim Erstbesuch ausgesprochen locker, ja sogar herzlich gewesen sei.

KUSCHELPARTYS

Wer sich nicht gleich auf Sex mit Wildfremden einlassen, aber gerne körperliche Nähe erleben möchte, kann zu sogenann-

ten »Kuschelpartys« gehen. Diese finden in etlichen Großstädten statt – meist in eher esoterisch angehauchten Räumlichkeiten. Dort wird mit lockeren Gruppenspielchen für ein gutes Warm-up gesorgt, bis sich alle fröhlich erhitzt in den Armen liegen.
Sexuelle Berührungen sind hier tabu und du wirst ausdrücklich dazu aufgefordert, dich auf nichts einzulassen, was dir nicht gefällt.

TANTRA-WORKSHOPS

Nein, Tantra ist nicht nur etwas für Paare! Es ist für alle Frauen und Männer gedacht, die mit ihrer Sinnlichkeit in Kontakt kommen und sich erotisch intensiver spüren möchten. Es gibt eine Reihe seriöser Angebote an Seminaren – auch für Singles oder für Singles und Paare gemischt. Dabei solltest du vorher Erkundigungen einziehen und am besten nur auf Empfehlungen von jemandem, den du persönlich kennst, hören. Eine professionelle, verantwortungsbewusste Tantra-Trainerin wird dir ein Gefühl von absoluter Sicherheit vermitteln und dich glaubwürdig auffordern, nicht über deine Grenzen zu gehen. Ist ein solcher sicherer Erfahrungsraum geschaffen, wirst du mit unterschiedlichsten Übungen zu sinnlichen, nährenden und anregenden Erlebnissen eingeladen.

Michaela, 40, erzählt: »Vor meinem ersten Tantra-Workshop hatte ich nur sehr vage Vorstellungen, was mich erwartet. Schnell wurde mir aber klar, dass ich bei dem Institut, wo mich eine Freundin hinempfohlen hatte, gut aufgehoben war. Die Atmosphäre, die die beiden Leiter, eine Frau und ein Mann, durch ihre eigene Offenheit schufen, war herzlich und entspannt und so entstand ein Raum, in dem ich erst einmal viel Zeit hatte, in Kontakt mit mir selbst zu kommen – zu spüren, was ich will, wenn ich aufhöre, mich nach den Vorstellungen anderer zu richten. Wir haben viel getanzt, Übungen allein, zu zweit, zu dritt und in der großen Gruppe gemacht. Manches war kindlich-spielerisch, manches sinnlich-erotisch, manches wild und laut, manches zart und innig. Es war immer klar, dass im Mittelpunkt steht, dem anderen und mir selbst mit Respekt zu begegnen, nicht um Gruppensex oder was man da vielleicht für verdrehte Vorstellungen hat.
Bei Tantra geht es für mich um Präsenz, Wahrhaftigkeit und Lebendigkeit und darum, das auch mit meiner körperlichen, sinnlichen und erotischen Seite bewusster zu leben.«

GANZ UNTEN: »SINGLE-VERANSTALTUNGEN«

Fast alle Alleinstehenden, die ich kenne, waren irgendwann einmal so verzweifelt, dass sie als letzten Rettungsanker eine »Single-Veranstaltung« aufsuchten. Wenn du dir einen verheerenden Tiefschlag auf dein Selbstwertgefühl ersparen möchtest, hör auf ihre Erfahrungen und

TU ES NICHT!

Es kommt nämlich nichts dabei raus als schlechte Laune!

SINGLE-PARTYS

Hört sich doch erst mal ganz lustig an: eine große Party, wo man viele andere flirtlustige Singles treffen, tanzen, trinken und sich amüsieren kann.
Nur leider, leider sieht die Realität anders aus!
Als ich eine solche Party aufsuchte, traf mich schier der Schlag. Es lief ein absurder Mix aus neuster Schlagermusik und abgenudeltem 80er-Jahre-Pop. Die meisten Männer waren um die 50 und gekleidet wie Hausmeister auf Mallorca-Urlaub. Ebenso betrunken waren sie auch, was der Qualität ihrer Anmach-Sprüche überhaupt nicht zuträglich war. Übereinstimmend berichteten auch andere Frauen, dass sie noch nie so viele schwer betrunkene Erwachsene angetroffen hätten wie auf solchen »Single-Partys«. Der Anblick sei niederschmetternd und unappetitlich gewesen.
Tina, 36, wurde von einem kräftigen Herrn angelallt: »Zu dir oder zu mir?« Als Gesprächseröffnung! Und das nicht etwa in einer ländlichen Gummistiefeldisco, sondern einem Berliner Club, der seine Partys auf der Website mit »Stil und Niveau« anpreist.
Das kann einem ganz schön aufs Gemüt schlagen. Tina berichtet: »Ich war nach diesem Abend tagelang richtig mies drauf. Ich fühlte mich gedemütigt, wie beschmutzt. Hatte ich das wirklich nötig? War ich so tief gesunken?«
Spar dir solche Erfahrungen lieber! Such dir statt mieser »Single-Partys« lieber offene Tanzveranstaltungen, auf denen dir die Musik, die Location und die Leute zusagen. Und zwar am besten in

deiner Nähe. Dort wirst du nämlich wesentlich eher auf lustige Menschen treffen, mit denen du etwas gemeinsam hast – ob nun Single oder nicht.

SPEED-DATING

Sieben mal sieben: An einem Abend mit sieben Männern (bzw. Frauen) hintereinander lustigen Smalltalk machen. Das kann doch nicht so schwer sein?! Sollte man denken. Bei dem Speeddating, an dem ich teilnahm, waren wir acht Frauen und vier Männer. Eine der Frauen steckte uns schon vor Beginn, sie sei gar nicht Single. Aha. Bei den Männern handelte es sich um einen Mittsechziger aus der Gebäudereinigungsbranche, einen gestählten leitenden Angestellten Mitte 30 aus der Tabakindustrie, einen schmächtigen studentischen Heavy-Metall-Fan sowie einen silbergrauen Ingenieur, der sehr, sehr traurig wirkte.
Ich fand es schrecklich, dass ich jedem von ihnen glaubhaft ein Interesse heuchelte, das ich in Wirklichkeit gar nicht empfand. Ich fühlte mich wie eine gemeine Lügnerin bei dem Gedanken, wie enttäuscht einige der Männer sein würden, wenn sie hinterher herausfanden, dass ich ihre Kontaktdaten gar nicht möchte. Es hatte sich um »Pseudo-Begegnungen« ohne jede Nachhaltigkeit gehandelt.
Prädikat: nicht empfehlenswert!

SINGLE-REISEN

Gut gelaunter Gruppenurlaub mit lauter anderen Alleinstehenden. Wär das nicht was für mich?
Zunächst fällt auf, dass so gut wie sämtliche Anbieter solcher Reisen die Singles richtig abzocken. Die Preise sind um mindestens 30 Prozent höher als bei einer offenen Gruppenreise, hinzu kommt absurderweise dann noch ein Einzelzimmer-Zuschlag. Obwohl die Anbieter beim Anmeldevorgang vorgaukeln, die Gruppe mit gleich vielen Männern und Frauen zu besetzen, sind oft doppelt so viele Frauen unter den Teilnehmenden.
Mir ist niemand bekannt, der jemals auf einer solchen Single-Reise eine/n neue/n Partner/in gefunden hätte. Hingegen haben einige berichtet, dass sich letztlich herausgestellt hätte, dass etliche der männlichen Gruppenteilnehmer in Wirklichkeit gebunden und auf Abenteuersuche gewesen seien.
Wesentlich bessere Alternativen, bei denen dich niemand abzockt, findest du in diesem Buch im Kapitel »Reisen als Single« (Seite 56)!

DER VIRTUELLE WILDE WESTEN: SINGLE-DATING VIA INTERNET

»Das Internet ist wirklich der Wilde Westen!«, schüttelte mal ein Freund von mir den Kopf. Das trifft sowohl im Positiven als auch im Negativen zu. Vor allem in Bezug auf Single-Plattformen.

Einerseits ist da die unendliche Weite der Jagdprärie, die scheinbar unbegrenzte Freiheit der Auswahlmöglichkeiten, von rein sexuellen Kontakten bis hin zur Suche nach der Partnerschaft fürs Leben. Und andererseits kann dir im virtuellen »Wilden Westen« eben einfach alles passieren! Der verwegene Reiseveranstalter ist in Wirklichkeit verheiratet, die süße Krankenschwester hat eine schwere Angststörung, der fröhliche Gitarrist hat ein 20 Jahre altes Foto eingestellt.

Um das Abenteuer der Kontaktaufnahme hier einigermaßen unbeschadet an Leib und Seele durchzustehen, solltest du also gut gewappnet sein!

Schritt Nr. 1: Dein Profil auf einer Single-Plattform erstellen

Mach das bitte nicht lustlos, das spürt man! Statt alle Profilfragen mit nichtssagenden Klischees schnell abzuarbeiten, beantworte lieber nur wenige, diese aber mit Fantasie und Witz. Sei in dem, was du preisgibst, am besten immer ehrlich. Es ist zum Beispiel völlig sinnlos, mit dem Alter zu mogeln. Das bringt vielleicht mehr »Klicks« auf deinem Profil, aber immer auch die Peinlichkeit der Lüge, die irgendwann aufgedeckt werden muss. Warum sich als Mogelpackung fühlen?

EIN BILD SAGT MEHR ALS TAUSEND WORTE

Es ist einfach wahr. Deshalb sind gute Fotos auf deiner Profilseite das A und O, um erfolgreich im Internet zu flirten. Bei allem, was jemand danach von dir liest: Er / sie wird dabei in *das* Gesicht schauen, das *diese* Bilder von dir zeigen. Dabei brauchst du dir nicht den Kopf zu zerbrechen über künstlerisch hochklassige Bilder. Absolut jedes Foto erzählt etwas über dich. Du musst nur wissen, *was* du über dich erzählen möchtest.

Was gut funktioniert:

Lachen

★ Ja, schlicht und einfach lachen. Wenn dein Gegenüber stattdessen in dein ausdrucksloses Foto-Gesicht schaut, das ernst in die PC-Kamera glotzt, denkt er / sie sich: Ach Gott, möchte ich SO angeschaut werden jeden Tag?! Nein, will er / sie nicht!

Bewegung

★ Das ist schon etwas anspruchsvoller. Aber es wirkt. Das menschliche Gehirn ist so gepolt, dass Bilder von Bewegungen bevorzugt wahrgenommen werden. Fotos »in Bewegung« erregen Interesse. Davon abgesehen wirken sie natürlicher, authentischer und glaubwürdiger als eine statische, gestellte Pose. Lass dich am besten von einem Freund beim Sport fotografieren – oder einfach nur beim Herumalbern!

Outdoor

★ Natur als Fotohintergrund macht sich immer gut. Vor allem, weil sie nichts *Falsches* erzählt! Das Problem bei indoor aufgenommenen Fotos ist nämlich, dass alles, was darauf zu sehen ist, vom Betrachter aufmerksam studiert werden wird. Hässliche Fake-Holz-Schrankwände, vergammelte Zimmerpflanzen, die scheußlich gemusterten Vorhänge aus Tante Hildegards Wohnzimmer, wo du gerade an der Kaffeetafel sitzt: Das alles bist jetzt DU! Es ist Teil deiner Selbst-Inszenierung.

RECHNE IMMER MIT ALLEM

Im besten Falle kommt nun ein Austausch von Nachrichten auf dieser Plattform zustande. Manchmal ist dir jemand sympathisch und ihr schreibt euch hin und her. Aber:
Bevor du jemanden nicht »im echten Leben« erlebt hast, weißt du nichts. Und zu diesem ersten Treffen im »echten Leben« kommt es nach meinen Forschungen in höchstens einem Drittel aller Fälle – in allen anderen bekommt der oder die andere nämlich vorher kalte Füße. Leider sind solche Internetbörsen ein Tummelplatz für Menschen mit frisch gebrochenen und noch keineswegs verheilten Herzen. Sie sehnen sich nach Ablenkung, Abwechslung, dem Gefühl, nicht alleine zu sein. Sie schütten dir schriftlich ihr Herz aus und genießen deine Aufmerksamkeit, aber eine wirkliche Begegnung trauen sie sich noch gar nicht zu.
Deshalb solltest du dich lieber auf keine langen Briefwechsel mit Unbekannten

einlassen, aufgrund derer du dir die tollsten Dinge ausmalst. Die Konfrontation mit der Realität ist dann sehr schmerzhaft!

Also:
Setz lieber rasch das erste Treffen an!

AUF ZUM BLIND DATE

Der perfekte Ort

Gut geeignet sind gemütliche Kneipen oder Cafés, in denen man sich erst einmal unkompliziert auf einen Kaffee treffen kann. Falls du dann relativ schnell merken solltest, dass es nicht passt, kannst du nach einem Stündchen wieder aufbrechen, ohne dass es unhöflich wirkt. Im Sommer ist draußen sitzen toll, es gibt einem gleich das Gefühl von mehr Weite und Bewegungsfreiheit.
Du solltest eine Location vorschlagen, in der du dich wohl fühlst und in die du auch »passt«. Nichts ist schlimmer, als steif am Tisch eines teuren Restaurants zu sitzen, in dem man sich beklommen und fehl am Platze fühlt.
Falls ihr beide gerne draußen in der Natur seid, kann ein Spaziergang prima für ein erstes Treffen sein. Beim entspannten Nebeneinanderher-Schlendern lässt es sich unkompliziert plaudern und Gesprächspausen sind ganz natürlich.
Bei dir oder ihm / ihr zu Hause solltest du dich lieber erst beim zweiten Mal verabreden. Jemanden in die eigenen vier Wände zu lassen hat etwas sehr Persönliches. Bevor du das tust, solltest du dir sicher sein können, dass du diesem Menschen so nah sein möchtest. Denn Vorsicht: Du weißt noch nicht, wie er / sie riecht! Teste das lieber erst mal in deinem Lieblingscafé aus!

Das optimale Timing

Der optimale Zeitpunkt für ein erstes Treffen ist der späte Nachmittag / frühe Abend. Also der »Zwischenraum«, zwischen 16:30 und 18:30 Uhr.
Dann kann man nämlich spontan vor Ort entscheiden, ob das jetzt nur ein gemeinsamer »Tagesabschlusskaffee« ist oder ob man den Abend miteinander verbringen möchte.
Falls du relativ schnell spürst, dass sich das nicht gut anfühlt, verabschiedest du dich nach einem Stündchen fröhlich, bedankst dich höflich, dass der andere sich die Zeit genommen hat und entschwebst mit einem unverbindlichen Lächeln. Falls jedoch dein Interesse geweckt ist, schlägst du ein gemeinsames Abendessen vor oder versuchst, gleich ein nächstes Treffen anzuvisieren.

Achte auf deine »Verpackung«!

Bevor du zu einem »Blind Date« gehst, überleg dir immer gut, was du mit deiner Kleidung kommunizierst. Sie sollte zu dir passen und auch zu dem Ort, an dem ihr euch begegnet.
Bei einem Parkspaziergang in High Heels zu erscheinen wird nicht zu deiner Entspanntheit beitragen – aber man muss auch nicht in ausgeleierten Jogginghosen in einem Kaffeehaus auftauchen.
Als Frau ist es generell nicht klug, zu sexy gekleidet zu sein, wenn du auf einen Unbekannten triffst. Nicht, weil er ja ein triebhafter Sexualstraftäter sein könnte (eher unwahrscheinlich!), sondern weil du selbst dich augenblicklich unwohl fühlen wirst in deinem scharfen Minikleid, falls der Mann auf dich körperlich überhaupt nicht anziehend wirkt (leider gar nicht unwahrscheinlich!).

Einst entdeckte ich in einer Kneipe ein Schild: »Den Charakter eines Menschen kannst du leicht ablesen an seinem Umgang mit dem Servicepersonal!« Wie auch immer sich dein neuer Gesprächspartner dir gegenüber benimmt, schau mal genau hin, wie er sich vermeintlich »niedriger Stehenden« gegenüber verhält, denen gegenüber er sich weniger Mühe gibt. Nörgelt er am Kaffee herum? Demütigt er die Bedienung mit übertriebenen Wünschen? Beschwert sie sich über alles und jedes? Ist sie hochmütig und abfällig zum Kellner? Oder ist da jemand fair und freundlich, gütig mit Pannen und immer noch humorvoll im Ton? Sei dir ganz sicher: So, wie der Mensch die Bedienung behandelt, so wird er einst auch dich behandeln.

ZU ALT FÜR NEUE BEGEGNUNGEN? NIEMALS!

Ehrlich gesagt, dachte ich lange Zeit selbst: Als Frau bist du irgendwann abgemeldet. Spätestens, wenn du die Klimakteriumsgrenze überschritten hast, wirst du »unsichtbar« für Männer, du verblasst und verschwindest, langsam, aber sicher. Bis mir das Buch »Nacktbadestrand« von Elfriede Vavrik in die Hände fiel.

Die geschiedene österreichische Autorin hat mit 79 Jahren überhaupt erst *angefangen*, ein selbstbestimmtes Sexleben zu führen. Nach 40 Jahren »Abstinenz« wurde ihr nämlich klar, dass ein Leben ohne Sex ihrer Gesundheit abträglich war. Statt ihr Wohlbefinden nun mit Pillen und Spritzen steigern zu wollen, gab sie eine Anzeige auf – und suchte gezielt nach *sexuellen* Kontakten. Die Reaktionen waren überwältigend. In ihrem Erfahrungsbericht schildert Vavrik voller Offenheit, Humor und Respekt ihre Begegnungen mit verschiedensten Männern.
Aus dieser Lektüre habe ich drei wichtige Dinge gelernt:

»—› Sexuelle Nähe ist in jedem Lebensalter wichtig, sowohl für Männer als auch für Frauen. Sex macht körperlich, geistig und seelisch entspannter und glücklicher, er löst überraschend viele gesundheitliche Probleme »wie von selbst«.

»—› Um befriedigende sexuelle Kontakte zu erleben ist es nicht notwendig, zugleich eine/n »Partner/in fürs Leben« zu finden. Das kann zwar beides zusammenfallen, aber wenn nicht, ist es auch in Ordnung!

»—› Frauen jenseits der Menopause sind keineswegs für alle Männer unattraktiv. Im Gegenteil gibt es auch viele, die sich gerade zu älteren Frauen ausgesprochen hingezogen fühlen.

DU DARFST!

Die gespaltenen Reaktionen auf Varviks Buch machten deutlich, dass sie ein echtes Tabu gebrochen hatte. Es wurde ein Bestseller. Eine ältere, ungebundene und dennoch sexuell aktive Frau – das ist auch

heute noch längst keine gesellschaftliche Selbstverständlichkeit. Lassen wir uns davon nicht einschüchtern!
Ich vermute, dass Frauen nach der Menopause den angeblichen Verlust ihrer Anziehungskraft auf Männer subjektiv stark überbewerten. Auch dies erweist sich dann als »Selffulfilling Prophecy«. Wenn ich mich insgeheim für den Verlust meiner Fruchtbarkeit schäme und mich für »mangelhaft« halte, strahle ich das unbewusst natürlich auch aus.
Tatsächlich ist es aber so, dass es den allermeisten Männern völlig schnuppe ist, ob eine Frau noch ihre Tage hat oder nicht. Gut, wenn der Mann in deinem Bett sich offenkundig nach einer Frau zur Familiengründung sehnt, hast du ein Problem. In allen anderen Fällen wird er eher froh sein, dass das Thema Verhütung mit dir vom Tisch ist.

GIB KLARE SIGNALE

Allerdings stimmt es, dass jüngere Männer sich häufig nicht trauen, ebenso offensiv auf eine Frau zuzugehen, die älter ist als sie, wie auf eine gleichaltrige. Du musst also als Frau schon deutlichere Signale senden, dass der jüngere Mann auch für dich attraktiv und interessant ist, ihn »einladen«, mit dir zu flirten. Das sind viele Frauen nicht gewohnt, weil sie sich gerne auf der »Mädchenrolle« ausgeruht haben und das Umworbenwerden für selbstverständlich nahmen. Jetzt gilt es:

HINTERN HOCH UND AKTIVER WERDEN!

Eine ältere (überaus attraktive!) Kollegin beklagte sich neulich bitter bei mir, sie habe bei der Abschlussparty eines jährlichen Fachkongresses überhaupt keinen Spaß mehr, da sie ja kaum noch zum Tanzen aufgefordert würde. Ich sah sie verblüfft an und prustete ungläubig los: »Elvira! Du wartest doch nicht wirklich darauf, dass die Männer zu dir kommen, oder?! Ich gehe *immer* selbst zu irgendeinem hin, wenn ich tanzen will!!«

Und was passiert? Die Männer freuen sich!

So funktioniert das!

Gerade etwas zurückhaltende und schüchterne Männer sind oft ganz hingerissen, wenn sie von einer älteren und erfahrenen Frau ermutigt werden. Warum nicht?!

VON DER KUNST, MIT GRANDEZZA EINEN KORB ZU NEHMEN

Eine der wichtigsten Fähigkeiten, die es zu erwerben gilt, wenn du ein fröhliches Single-Leben führen willst, ist die Kunst, einen Korb zu nehmen. Meint: Es ohne Gesichtsverlust und schwere Selbstwertkrise akzeptieren zu können, dass ein Mann (oder eine Frau) dein Werben zurückweist.

MACH DEN ERSTEN SCHRITT

Dies ist vor allem für viele Frauen absolutes Neuland. Viele von uns sind bewusst oder unbewusst mit der Überzeugung groß geworden, dass eine Frau sich auf jeden Fall umwerben lassen muss, keinesfalls aber das Heft der Kontaktaufnahme selbst in die Hand nehmen sollte. Und dass es der maximale Verlust weiblicher Würde sei, von einem Mann zurückgewiesen zu werden.

Bis Mitte 30 kommt man mit diesem Verhalten als Frau noch einigermaßen durch. Aber spätestens mit 40 ist Schluss damit, falls du nicht gerade Madonna oder Angelina Jolie bist.

Jetzt hast du nämlich Dinge zu bieten, die zwar genauso spannend und auch sexy sein können wie jugendliche Schönheit, aber nicht mehr in Sekundenbruchteilen für jeden Vollpfosten wahrnehmbar sind. Du bist vielleicht witzig, charmant, schlau, einfühlsam, schlagfertig, lebensklug und vieles mehr. Aber du musst den Mund aufmachen, damit dein Gegenüber es merkt. Es reicht jetzt nicht mehr, sichtbar zu sein. Du musst dich auch hörbar machen. Das meint keineswegs zwanghaftes hysterisches Gequassel, im Gegenteil. Aber ohne jedes Gespräch kann der zauberhafte Mann, der neben dir auf dem Sektempfang steht, noch nicht wissen, was für eine beseelte Zuhörerin du bist. Das heißt:

KLAPPE AUF!

Du kannst lernen, den ersten Schritt selbst zu gehen. Ihn anzulächeln. Nach dem Weg zum Klo zu fragen. Oder was auch immer. Du kannst lernen, ihm nach einem lustigen kleinen Gespräch deine Visitenkarte zu geben, nur für den Fall, dass …

Ja, bei all dem gehst du ein Risiko ein. Das Risiko, dass er sich doch gar nicht für dich interessiert. Dass er das aufdringlich und doof und lächerlich findet. Aber mal ehrlich:

Na und?! Hast du irgendwas zu verlieren?! Du hast doch vorher auch ganz gut ohne diesen Mann gelebt, oder?!

NICHTS ZU VERLIEREN, VIEL ZU GEWINNEN

Tatsächlich ist es so, dass du eine Menge zu *gewinnen* hast, wenn du offen und freundlich auf Menschen zugehen kannst, die dich interessieren. Du lernst dabei ja nicht bloß potenzielle Liebhaber/innen kennen, sondern kannst auch andere spannende Kontakte knüpfen, zum Beispiel mit Tanzpartner/innen, Sportpartner/innen, Mitmusiker/innen oder Reisegefährt/innen. Solche gemeinsamen Interessen sind ein wunderbarer Grund, sich mal zu verabreden.

Tja, und dann kann es eben wirklich passieren: Du denkst, es ist ein »Date«, machst dich schick, packst Kondome ein. Ihr zieht von einer Kneipe in die nächste, lacht euch kaputt zusammen, seid schon bestens warmgetrunken, die Augen leuchten. Schließlich steht ihr mit euren Fahrädern um drei Uhr morgens an der Kreuzung, ein Moment der Stille tritt ein. Du fragst wohlgelaunt: »Wie wär's mit Sex?!« Da senkt der Mann den Blick, räuspert sich und nuschelt: »Äh, nee, muss jetzt mal los ...«

Ups! Und jetzt?!

Klar, im ersten Moment bist du geschockt. Du fragst dich, ob du zu hässlich, jung / alt oder langweilig bist. Beruhige dich: Nichts von alledem wird es sein. Im Gegenteil ist es aller Wahrscheinlichkeit nach so, dass der Mann sich das einfach nicht getraut hat. Weil er denkt, du merkst dann, dass er zu hässlich, jung oder alt ist, dass sein Geschlechtsorgan die falsche Größe hat, nicht erwartungsgemäß funktioniert oder was auch immer. Du weißt es nicht. Wichtig ist:

Mach seine Selbstzweifel nicht zu deinen! Du hast ein freundliches und attraktives Angebot gemacht. Wenn der andere es nicht annehmen kann, ist das zwar schade, aber stirbst du davon?! Keineswegs! Nur wer wagt, gewinnt. Stell dir den Korb ins Regal und bleib mutig!

DAS LEBEN ALS PRALINEN-SCHACHTEL

Wenn du das innere Bild hast, dass wechselnde Liebesbeziehungen im Grunde etwas Entwürdigendes seien und du nur durch »den Richtigen« oder »die Richtige« von dieser Schmach erlöst werden kannst, wird dir jedes neue Date, vor allem aber jedes Ende einer noch so kurzen Liebschaft einen erneuten Beweis liefern, wie schrecklich doch dein Single-Leben ist.

*Was aber,
wenn wir es
einmal anders
betrachten?*

Was wäre, wenn wir das Leben als aufregende Reise ansehen, auf der man viele, viele spannende Menschen treffen kann? So sagt Tom Hanks als »Forrest Gump«: »Das Leben ist wie eine Pralinenschachtel! Man weiß nie, was man kriegt!« Alle schmecken so verschieden, aufregend und inspirierend. Und diejenigen von uns, die sich früh binden und dann bei einem Menschen bleiben, die verpassen auch viel.

LASS DICH VON NEUEN BEGEGNUNGEN VERÄNDERN

In meinen Jahren als Single bin ich so vielen wunderbaren Menschen nahe gekommen, wie das sonst nicht möglich gewesen wäre. Auf einige von ihnen habe ich mich mit ganzem Herzen eingelassen und sie haben mich mitgenommen in ihre Welt. Ich habe ihren Geschichten gelauscht und die Welt durch ihre Augen gesehen. Ich habe mit ihnen gelacht und geweint und jeden von ihnen auf meine Weise geliebt. Kaum eine dieser Begegnungen möchte ich missen.
Ob wir eine Begegnung im Rückblick als wertvoll betrachten, hängt von unserer Bereitschaft ab, uns durch diese Begegnung verändern zu lassen. Nur, wenn du bereit bist, dich verändern zu lassen, kannst du etwas Neues erleben, das dein Leben bereichert.
Wenn du aber verkrampft nach etwas suchst, das mit dem übereinstimmt, was du schon kennst, bleibst du blind für die Schönheit des *wirklich* Neuen. Das beobachte ich bei einigen Männern und Frauen, die die Partnersuche als Frust

erleben. Sie sind immer aufs Neue enttäuscht, weil die Beziehung nicht »ihren Erwartungen entspricht«. Und statt ihre Erwartungen infrage zu stellen, stellen sie sich selbst als Person infrage und halten sich für mangelhaft, neurotisch und bindungsunfähig. Unsinn!
Schau einfach genauer hin, was das Leben dir bietet, statt auf das zu starren, was das Leben dir scheinbar vorenthält!

KURZ – UND WUNDERSCHÖN

Die Qualität einer Begegnung muss in keinem Verhältnis zu ihrer Dauer stehen. Auch eine kurze Begegnung kann ein wunderschöner Schatz in deinem Herzen werden – wenn du dich wirklich auf sie einlassen kannst und wenn du bereit bist, sie im richtigen Moment auch wieder loszulassen.

Miriam, 53, berichtet: »Einmal verliebte ich mich in einen atemberaubend schönen, hochbegabten Künstler, mehr als 20 Jahre jünger als ich. Ich wusste vom ersten Augenblick an, dass ich ihn wieder würde gehen lassen müssen. Trotzdem bin ich so dankbar, dass wir die Chance hatten, uns für diese kurze Zeit zu lieben. Drei Monate. Es ist ein kostbares Geschenk, das ich wie eine kleine Perle in meinem Herzen trage.«

Viele Frauen lassen sich gar nicht auf jüngere Männer ein, weil sie sich so sehr davor fürchten, dass das »sowieso schief geht«. Aber was bedeutet »schief gehen« eigentlich genau? Wenn ich drei Monate lang eine wildromantische Beziehung habe, Liebe mache bis zur Erschöpfung – und ja, irgendwann loslassen muss ... ist da wirklich was »schief gegangen«? Habe ich dann »falscher« gelebt als jene Frauen, die in diesen drei Monaten jede Nacht neben dem gleichen Mann wie in den letzten 20 Jahren geschlafen haben? Muss ich mich für dieses Erlebnis wirklich *schämen?!*

Die Scham ist vorbei! Leb dein Leben, so gut du es kannst. Wenn ein Mensch vorbeikommt, mit dem du es länger aushältst, prima. Wenn nicht: Auch gut! Dann kannst du weiterhin Neues entdecken!

DEIN SINGLE-LIEBESLEBEN

1

Bleib erotisch wach!

Pflege deine sinnliche Wahrnehmung, freue dich an erotisierenden Impulsen. Unabhängig davon, was gerade in deinem Leben passiert – oder nicht passiert –, bewahre und pflege deine »sexuelle Identität«, egal ob Männer oder Frauen deine Liebesobjekte sind – oder beide.

2

Genieße deinen Körper!

Gönn ihm Gutes, so oft du kannst. Baden, dich einölen, Massagen, dir Kleidung kaufen, in der du dich wohl fühlst, fahrradfahren, schwimmen, tanzen, spazieren gehen, all das fördert dein gutes Körpergefühl.

3

Fixiere dich nicht auf »Mr./Mrs. Right«!

Ja, vielleicht kommt der Traumprinz bzw. die Prinzessin eines Tages dahergeritten. Aber was willst du bis dahin tun? Im Turm sitzen und weinen? Lieber nicht! Bis dahin kannst du regelmäßig essen gehen mit Sven, walken mit Leonie, tolle Gespräche führen mit Klaus, Salsa tanzen mit Maren, im Chor flirten mit Sebastian oder Hanna – und gelegentlich Sex haben mit Jan oder Janina. Warum denn nicht?!

4

Zwing dich zu nichts!

Manche Singles ziehen sich so viele Internet-Dates hintereinander rein, dass sie sich danach fühlen, als hätten sie zehn Tafeln Schokolade gegessen. Dann kommt der große Blues, ihnen ist schlecht und sie ekeln sich vor sich selbst. Spar dir das! Lausche lieber zweimal in dich hinein, ob so ein Date jetzt das Richtige ist – oder ob du stattdessen Freunde triffst, ein schönes Buch liest oder schlafen gehst.

5

Die Welt ist groß!

Und zwar die echte! Statt dich in der virtuellen Welt zu verlaufen, riskier doch lieber mal wieder den Weg in die reale große weite Welt. Egal ob Kleinklopsdorf oder Hamburg, immer nur dasselbe sehen, das verengt den Blick. Reisen erweitert in mehr als einer Hinsicht den Horizont, und wer weiß, wer im Café in Amsterdam neben dir sitzt oder im Greyhound-Bus durch Arizona.

6

Lass dich überraschen!

Denke niemals, du wüsstest schon alles über guten Sex. Egal, was du mit deinen Ex-Partner/innen Tolles genossen hast: Sei ganz im Augenblick. Erlaube dir, nichts zu wissen und den Sex jedes Mal mit einem neuen Menschen ganz neu zu erfinden. Mach deine Sinne auf und den Kopf aus. Dann kannst du reich beschenkt werden in jeder neuen Begegnung.

GENIESS ES!

Während ich die letzten Kapitel dieses Buches schrieb, schossen knallgrüne Blätter aus dem Baum vor meinem Fenster. Das graue Gerippe verwandelte sich innerhalb weniger Tage in ein lebendiges, rauschendes, duftendes, riesiges Wesen. Es wurde Frühling!
So verwandeln auch wir uns in unserem Leben, immer wieder. Wir hören nicht auf, zu wachsen, uns auszudehnen, uns weiter zu verzweigen. Manchmal geschieht dies fast unbemerkt, manchmal in gewaltigen Schüben.
Wir durchleben Winter, in denen wir uns wie tot fühlen, abgestorben, morsch und knorrig. Und trotzdem kommt wieder ein Frühling.
Ob Single oder in Partnerschaft lebend, beides kann deinen Wachstumsprozess befördern – oder behindern.

Letztlich zählt eigentlich nur, wie lebendig du bleibst.

Ob du genug Sonne und Regen und Platz hast. Ob du dich traust, weiter zu wachsen. Hör nicht auf damit!

SINGLE – NA UND?!

Ich hoffe, dieses Büchlein konnte dich ermutigen, deinen Weg entschlossen weiterzugehen, egal, ob du in einer Partnerschaft lebst oder nicht. Das ist nämlich nicht das Entscheidende. Klar, es gibt Singles, die versacken depressiv auf dem Sofa. Aber beruhige dich, das tun viele Paare auch. Eine Partnerschaft ist keine Glücksgarantie. Überhaupt gar nichts ist eine Glücksgarantie! Das Glück möchte immer wieder neu erobert werden. Jeden Tag. Immer anders. Es ist wie beim Pokern: Das Leben gibt dir ein Set Karten auf die Hand. Was hilft es zu jammern? Mit genau diesen Karten musst du das Spiel so gut wie möglich machen. Und von Zeit zu Zeit kannst du ein paar neue Karten ziehen.

Jetzt bist du Single. Wer weiß, was als Nächstes kommt. Was du dir immer bewahren kannst ist: deine Spielfreude!

Alles Liebe
deine Ruth

Leuchtende Augen

Du beginnst langsam zu sterben,
wenn du nicht reist,
wenn du nicht liest,
wenn du dem Klang des Lebens nicht zuhörst,
wenn du dich selbst nicht wertschätzt.
Du beginnst langsam zu sterben,
wenn du deine Selbstachtung abtötest,
wenn du dir nicht helfen lässt von anderen.
Du beginnst langsam zu sterben,
wenn du ein Sklave deiner Gewohnheiten wirst,
jeden Tag dieselben Pfade gehend …
Wenn du deine Routinen nicht änderst,
wenn du keine verschiedenen Farben trägst und nicht
mit jenen sprichst, die du nicht kennst.
Du beginnst langsam zu sterben, wenn du Leidenschaften vermeidest
und aufwühlende Gefühle, solche, die deine Augen leuchten machen
und dein Herz schneller schlagen lassen.
Du beginnst langsam zu sterben, wenn du dein Leben nicht änderst,
obwohl du unzufrieden bist mit deiner Arbeit oder mit deiner Liebe
oder deiner Umgebung.
Wenn du das Sichere nicht riskierst für das Ungewisse,
wenn du deinen Träumen nicht folgst,
wenn du dir nicht erlaubst,
wenigstens einmal im Leben
vor vernünftigem Rat davonzulaufen.

Martha Medeiros

BILDNACHWEIS

Alle Illustrationen in diesem Buch stammen von Martina Frank, München, mit Ausnahme von S. 15: Shutterstock / Sharpner und S. 32 Shutterstock / Pavlenko
Fotos: vordere Klappe: Shutterstock / Elenamiv; S. 18/19: Fotolia / Mimadeo; S. 28/29: Shutterstock / sofiaworld; S. 46/47: Fotolia / rvika; S. 72/73: Fotolia / Masson
Hintergrundmotive: Shutterstock / Elmiral

QUELLENNACHWEIS

Die Zitate aus diesem Buch stammen aus folgenden Quellen:
Vordere Klappe: Charlie Chaplin, aus dem Film »Der große Diktator«; S. 10: Eugen Drewermann (2008): *Wer hat, dem wird gegeben. Die Gleichnisse Jesu*, Düsseldorf: Patmos (S. 126); S. 46/47: William Morris (britischer Maler und Architekt) zugeschrieben, genaue Herkunft ungeklärt; S. 55: Elizabeth Green, genaue Herkunft ungeklärt; S. 69: Woody Allen aus dem Film »Der Stadtneurotiker«; S. 95: Martha Medeiros (brasilianische Autorin und Journalistin), fälschlicherweise Pablo Neruda zugeschrieben, genaue Herkunft ungeklärt. Leider ist es nicht in allen Fällen gelungen, die Fundstelle ausfindig zu machen. Der Verlag bitte ggf. um Nachricht, damit bei einer Nachauflage eine korrekte Quellenangabe erfolgen kann.

MIX
Papier aus verantwortungsvollen Quellen
FSC® C084279

© 2017 Scorpio Verlag GmbH & Co. KG, München
Umschlaggestaltung und Layout:
Favoritbuero, München
Umschlagmotiv: Netfalls Remy Musser/Shutterstock
Satz: Nadine Clemens, München
Projektleitung und Lektorat: Heike Mayer
Druck und Bindung: Print Consult, München
ISBN 978-3-95803-116-6

Alle Rechte vorbehalten

Liebe Leserin, lieber Leser,
leicht geht's besser: Mit unserer Reihe *Leichter leben* möchten wir Sie zu einem neuen Lebensgefühl inspirieren und bei Veränderungsprozessen unterstützen. Alle Inhalte wurden gewissenhaft erstellt und sorgfältig geprüft, die Übungsanleitungen und Vorschläge haben sich in der Praxis bewährt. Danke, dass Sie in eigener Verantwortung prüfen, inwieweit Sie die Anregungen umsetzen möchten. Eine Haftung für die Resultate vonseiten der Autoren bzw. des Verlags und seiner Beauftragten ist ausgeschlossen. Mehr über unsere Bücher: www.scorpio-verlag.de